Life

Eric et Franck Dufourmantelle
avec Catherine Siguret

Life

Il était condamné, son jumeau l'a sauvé

ALLARY ÉDITIONS
RUE D'HAUTEVILLE, PARIS Xᵉ

À Clémentine, ma compagne,
que j'aime plus que tout au monde,
et sans qui je ne serais pas là aujourd'hui.
FRANCK

À Fanny et Jules, « mon socle », sans l'amour desquels
je n'aurais pu traverser cette épreuve.
ERIC

Au professeur Maurice Mimoun et son équipe,
ainsi qu'à tout le service du Centre de traitement des brûlés de
l'hôpital Saint-Louis, sans qui cette prouesse
n'aurait pas été possible.

À notre mère et à nos grands-parents ;
de là-haut, vous devez être fiers !

PREMIÈRE PARTIE

L'accident

26 septembre 2016

FRANCK

Un matin, je suis parti travailler comme tous les jours. Et je ne suis rentré chez moi que dix mois plus tard.

Trois semaines de coma, plus de cinq mois alité à l'hôpital, en proie à des douleurs indicibles, suivis de cinq mois de réadaptation lourde à plein temps, et ce n'était pas fini. Aujourd'hui encore, quand je pars de la maison le matin, c'est pour le centre de rééducation où je passe mes journées. Comme un enfant, j'ai dû tout réapprendre dans ma « nouvelle peau », celle que m'a donnée mon frère jumeau. Sans Eric, qui s'est porté volontaire pour souffrir, sans le professeur Maurice Mimoun et son équipe, qui ont osé pratiquer une opération inédite dans le monde, j'aurais illustré la statistique donnée à mes proches : moins de 1 % de chances de survie. Ce chiffre, le professeur a avoué ne l'avoir avancé que parce qu'il se refuse toujours à dire zéro. Il veut croire aux miracles. Et le miracle a eu lieu.

Quand je repense à ce lundi 26 septembre 2016, où je me suis réveillé comme tous les matins, à côté de Clémentine, ma compagne, et où comme tous les matins, j'ai écouté de la musique au réveil avec mon casque audio, pris mon petit déjeuner tranquillement, fait les dix minutes de route jusqu'à l'entreprise où je travaille, je me dis heureusement qu'on ne connaît pas son avenir. J'étais insouciant. On peut même dire que j'étais heureux. Il faisait un temps magnifique, d'été indien. J'ai la même impression quand je regarde les photos du week-end que nous venions de passer à Villeneuve-d'Ascq, dans le Nord, chez Hugo, le frère de Clémentine, qui est gendarme dans une grosse caserne. On nous voit tous souriants, Clém et moi, ses parents, la tante de Clém et son oncle, son frère, et sa sœur Lucie qui a quatorze ans, avec sa cousine née le même jour, à une heure d'intervalle. Des sortes de jumelles par cousinade. Ce hasard m'émeut particulièrement parce que j'ai un frère vrai jumeau, la « chance de ma vie » depuis la naissance. Depuis l'accident, c'est davantage qu'une simple expression : Eric m'a rendu la vie très concrètement, en me donnant de son corps.

Ces photos du week-end en famille dans le Nord sont les dernières images avec mon visage d'avant, et surtout, avec mon corps d'avant, que j'ai tout à fait perdu. On voit les tatouages que j'avais sur les bras, un groupe de musique à gauche, une fresque sur la musique à droite.

Ils évoquaient une autre époque, dix ans plus tôt, quand j'avais besoin de me tatouer ma passion de toujours sur les bras. À trente-trois ans, je regrettais un peu de les avoir faits. Ce jour-là, j'ai parlé de mon envie de les effacer. Le lendemain, le feu les a brûlés. L'épiderme et son encre, mais aussi tout le derme, dans ce que l'on appelle la brûlure au troisième degré. L'intégralité de mon corps a été rongée jusqu'au sang, en dehors de mon visage et de mon pubis. Il ne resterait rien de toutes ces fresques sur les bras, ni du dessin de petite pyramide-métronome en bas du ventre, du phénix sur la jambe gauche et de l'initiale sur l'avant-bras. Rien sauf un tout petit carré de peau intacte, avec un seul mot tatoué resté inscrit sur mon bras droit : « Life ». En repensant à ce vœu d'effacement, je me suis dit que certains jours, on ferait mieux de se taire, même si le destin m'a fait un clin d'œil en m'épargnant le et la « life ».

Le dimanche soir, nous sommes rentrés en voiture retrouver notre chatte grise, appelée Grisette évidemment, et notre petite maison de Berteaucourt-lès-Thennes, dans la Somme, le village où mon frère et moi avons grandi. Je l'ai achetée en 2006, après deux ans d'emploi fixe à trois kilomètres de là comme manœuvre, puis technicien chimiste, chez Additek, l'entreprise de démoulants pour caoutchouc industriel que je n'ai jamais quittée. Avec Clémentine, on parlait de plus en plus souvent de déménager, sans quitter le coin, mais pour avoir une maison bien à nous, qui ne soit pas mon ex-maison de célibataire, même si ma petite maison de village refaite à neuf avait tout d'une grande, le confort, des matériaux modernes, une cuisine équipée et une salle de bains super, une chambre en bas, une chambre en haut, le tout repeint dans les tons gris et bleutés. On était ensemble depuis deux ans, et je ne m'étais jamais senti aussi bien avec une fille, découvrant chaque jour davantage une femme géniale derrière la petite blondinette de sept ans plus jeune que moi. Jusqu'alors je fonçais tout droit dans une histoire sans que ce soit jamais la bonne. J'en étais même venu à me réjouir de la vie de célibataire sans fille, donc sans échec, quand Clémentine est venue me surprendre. Cette fois, je me sentais sur un nouveau départ, le vrai, comme Eric quatre ans avant moi quand il avait rencontré Fanny. Eux, ils avaient fait construire dans un lotissement à Oresmaux, à une vingtaine de kilomètres de Berteaucourt-lès-Thennes, mais je n'avais pas sa patience. On rêvait plutôt d'acheter une maison récente, prête à habiter. On a passé notre dernière soirée bien installés sur le canapé, à regarder *Mystic River*, un film que j'adore, sans doute sans dîner, nous avions assez mangé pendant le week-end. J'ai toujours fait attention à ma corpulence, fait du sport pour avoir du muscle, quitte à manger des sachets protéinés par période, parce que pendant longtemps, j'ai mangé comme quatre sans parvenir à prendre un peu de masse. L'apparence a toujours compté pour moi. Je suis maniaque pour mon habillement, « pire qu'une fille », juge Clémentine quand elle me suit dans les magasins.

On s'entendait tellement bien, avec Clém, que nous commencions à avoir les yeux qui frisaient quand il était question d'enfant dans notre entourage, même si on n'en parlait pas encore directement. Ce dimanche soir veille de l'accident, comme le matin du 26 septembre, le sujet « enfant » était au cœur de nos préoccupations. L'événement attendu le 26, normalement, était ce que l'on appelle un « heureux événement ». On n'attendait pas la mort mais la vie, avec la naissance du bébé de François et Hélène, nos super bons amis. On savait que ce serait une fille. Clémentine m'a dit : « Demain soir, on aura peut-être la chance que la petite soit née, et on ira la voir… » J'ai répondu : « Oui, ce serait super ! » On est une petite bande d'amis très soudés, tous à peu près du même âge, avec des préoccupations de notre âge : maison et enfant. C'est Eric, mon jumeau et mon meilleur ami, qui avait le premier rencontré François, au club d'arts martiaux. Nous avons toujours eu les mêmes amis. Eric nous avait tous doublés sur le coup de la paternité, puisqu'il m'avait fait tonton un an et demi plus tôt, avec la naissance de Jules, dont je suis dingue. Quand il est né, le 9 décembre 2014, je me souviens avoir pleuré en le prenant dans mes bras, tellement j'étais heureux pour mon frère. Jules n'était pas mon fils évidemment, mais il était la promesse de ma paternité un jour. Et puis il a mes gènes, il me ressemble quand j'avais le même âge… forcément, puisqu'il ressemble à son père, mon vrai jumeau ! Eric avait connu Fanny quatre ans plus tôt grâce à François, qui venait de rencontrer Hélène. Fanny était une amie d'Hélène depuis la fac de psycho. Quand on vous dit qu'on est soudés… Quand Jules est né, j'étais avec Clémentine depuis quatre mois, ce qui fait que j'ai eu la chance de vivre ce grand bonheur avec elle, c'était un signe. Le jeudi précédant l'accident, on s'était tous vus pour un apéro dînatoire à la maison. On s'était dit : « C'est la dernière soirée avant l'accouchement ! » Il y avait nous six et « Nounours », alias Jonathan, notre copain éternel célibataire sur qui l'on peut compter en toutes circonstances, doué en maçonnerie autant qu'en téléphonie, un vrai grand ami présenté aussi par Eric. Il l'avait connu au travail plus de dix ans auparavant, chez Additek, où tous les deux avaient travaillé avant moi. De cette soirée-là aussi, on a de belles photos souvenirs, je les regarde avec une drôle de sensation. Un peu irréelle. On voit Hélène enceinte jusqu'aux dents, nous rigolards. Encore des images de personnes qui ne savent pas de quoi l'avenir sera fait. Cette soirée a été la dernière où mon frère Eric m'a vu avec mon corps d'avant. Mon corps, c'est-à-dire un peu le sien.

ERIC

À la période de l'accident, Franck et moi commencions à aborder une nouvelle phase de notre vie, laissant l'enfance derrière nous, avec chacun un couple, un boulot stable, un enfant pour moi, et j'imaginais que ce serait bientôt le tour de Franck. De grosses épreuves quand nous étions enfants nous avaient soudés, en plus de la gémellité qui fait qu'on avait grandi comme des clones, faisant équipe dans l'adversité comme dans la rigolade. On est jumeaux homozygotes, ce qui veut dire issus du même œuf. Génétiquement, nous sommes strictement les mêmes. Nous-mêmes, nous avons toujours perçu nos infimes différences physiques, mais notre propre famille pouvait nous confondre, et les gens qui ne vivaient pas tous les jours avec nous s'emmêlaient carrément les pinceaux. Toute notre enfance, dans la rue, au centre aéré, en famille, à l'école, où nous avons été dans la même classe toute la primaire, et au collège pendant l'année de quatrième, on a entendu : « Où sont les jumeaux ? », « Comment vont les jumeaux ? », « Qu'est-ce qu'ils veulent faire, les jumeaux ? » Nous râlions : « On a un prénom quand même ! » Nous avions chacun une personnalité, un caractère bien affirmé, et nous y tenions. Physiquement, nous savions pourtant qu'il fallait être expert pour nous différencier avant ce jour maudit du 26 septembre. Ma hantise après l'accident, quand j'ai revu Franck enseveli sous des bandages, y compris la tête, alors qu'on ignorait encore s'il vivrait et quelles seraient les séquelles, c'était que je puisse le perdre, de deux manières aussi inimaginables l'une que l'autre : continuer à vivre sans lui, et pouvoir ne plus nous ressembler physiquement. Mais l'essentiel était évidemment ailleurs : dans ce que nous avions d'irrémédiablement commun, en dehors du physique.

Mêmes sports, mêmes amis, on avait beau chercher à se différencier, on a toujours aimé les mêmes choses et les mêmes gens, instinctivement. Même l'envie de se faire tatouer nous est venue au même moment, des fresques ou des messages encrés au fil de plusieurs années, entre 2003 et 2009. Moi, c'était l'épaule droite, le coude droit, et l'avant-bras gauche, Franck les deux épaules et les deux bras, et si j'avais un petit dessin en bas du ventre à droite, lui, c'était en bas du ventre à gauche. On a eu le même tatoueur à Amiens, pour dessiner le même groupe de musique, même si le motif était différent. On n'allait pas contrarier nos goûts musicaux sous prétexte de faire différemment ! Notre lien était inné.

Dès que Franck m'a présenté Clémentine dans une soirée, je l'ai bien aimée, sans pourtant imaginer qu'elle était aussi douce et formidable qu'elle a pu le prouver depuis. Je me suis simplement dit : « Enfin une fille qui a la tête sur les épaules ! Une fille à la hauteur de mon frère ! » Franck avait tout de suite apprécié Fanny aussi, parce qu'il la trouvait calme et posée, comme l'est Clémentine, ce qui n'est pas forcément notre qualité principale, à nous les impulsifs ! On se voyait moins tous les quatre depuis la naissance de Jules, mais c'était quand même toutes les semaines, tous les quinze jours au pire, et on restait rarement plus de trois jours sans nouvelles l'un de l'autre. On mangeait les uns chez les autres, on allait boire un verre dans un pub, on se faisait un restau ou un ciné à Amiens, et avec Franck, on suivait notre cours commun de jiu-jitsu le lundi soir et le jeudi soir de dix-huit heures à vingt et une heures. Nous en profitions souvent pour aller prendre un pot ensemble après le cours avec le « sensei », l'entraîneur, selon l'expression du milieu. Il était lui-même le fils de l'entraîneur qui, quand nous étions gosses, nous avait enseigné le judo, dans ce même club. Si on ne se parlait pas au téléphone, on s'envoyait au moins une photo ou un signe de vie, comme un lien musical, par Messenger. Nous avons les mêmes goûts très éclectiques, qui vont du rock à l'indie-pop, en passant par le jazz et le rap. On adore se faire découvrir mutuellement des morceaux ou des groupes.

On était partis ensemble au ski au début de l'année, avec François et Hélène qui faisaient partie de l'équipée, et on s'était tellement éclatés qu'on a recommencé l'été avant l'accident, des vacances de rêve, tous les quatre cette fois, à la rencontre de la famille en province. Une grande première. Franck et Clémentine étaient partis en vacances avec une semaine d'avance à Annecy, et on s'était tous rejoints chez notre oncle au nord de Bordeaux, en plein vignoble. On avait assisté à une fête de village qui présentait une exposition de vieux tracteurs, pour le plus grand plaisir de Jules. Ensuite, on était allés chez notre cousin près d'Arcachon, on avait tous joué dans sa piscine, pris le soleil sur la dune du Pilat, avant de nous rendre en Bretagne où sont partis habiter nos parents. On a des tas de photos de ces moments au soleil, des dîners d'été en plein air, de la plage dans le Morbihan, avec Franck ou Clém qui ont souvent Jules sur les genoux, nous deux en maillot, les corps entièrement symétriques, dirait quelqu'un qui n'est pas expert. Ces vacances étaient comme des retrouvailles, même si on ne s'était jamais quittés, des retrouvailles dans une vie d'adulte matérialisée par nos deux couples amoureux et la présence de Jules qui est fou de son tonton, et réciproquement.

La soirée du jeudi précédant l'accident avait été très belle, avec Hélène très enceinte et François très impatient. La prochaine fois que je devais voir Franck, c'était avec les autres, le lundi soir, le mardi au plus tard, autour du berceau de la petite qu'on attendait tous de pied ferme. De toute façon, on était tellement proches qu'on décidait souvent de se voir au dernier moment, sans prévoir les choses longtemps à l'avance. Franck et moi étions en lien permanent, au point que Clémentine n'avait jamais eu besoin de mon numéro de téléphone en deux ans pour prendre un rendez-vous ou autre, ce qui aurait son importance au moment de l'accident. Fanny et Clémentine avaient en revanche leurs numéros réciproques depuis le ski. C'était important pour nous, et même capital, que les filles s'entendent bien, même si aucune fille au monde n'aurait pu nous séparer. Si elles n'avaient pas accroché, on se serait vus quand même, mais c'est sûr qu'on avait beaucoup de chance, l'un et l'autre, que ce soit aussi facile.

Fanny a tout de suite compris que Franck était mon âme sœur, bien avant elle, même si ce n'est pas dans le même registre du tout. Elle est psychologue de métier, auprès d'enfants placés, mais elle n'aime pas les a priori selon lesquels « un psy comprend tout ». C'est la femme qui a eu la finesse de comprendre la force de notre lien, le cœur de ma vie, pas la psy. Au début, elle était juste désemparée par notre ressemblance physique. Il est arrivé qu'elle s'approche de Franck pour l'enlacer dans une soirée en l'appelant « Loulou » (le surnom qu'elle me donne) avant que Franck ne se retourne en lui lançant un regard… de Franck ! Inversement, peu de temps après sa rencontre avec Franck, Clémentine l'a croisé dans un magasin en se tenant un peu hésitante : elle se demandait si ce n'était pas moi. Il paraît qu'elle se trompait aussi sur la voix, même si je les trouve différentes. J'ai le timbre moins grave. Avec le temps, elles se sont habituées, ne nous ont plus confondus, et elles ont compris ce que nous avions d'indissociable. L'épreuve que nous allions traverser demanderait que l'on soit très soudés. J'étais prêt à mourir pour Franck, depuis toujours, alors souffrir, pour moi, cela irait de soi, mais il fallait que Fanny l'admette, et mieux encore, qu'elle me soutienne de toutes ses forces.

FRANCK

Jusqu'à ce que je rencontre Clémentine, la réaction la plus fréquente de mes copines n'était pas de nous confondre mais de ressentir une pointe de jalousie : notre moitié, notre âme sœur, il leur semblait qu'on l'avait déjà, même si c'était dans un autre genre d'amour. On ne peut pas faire rompre des jumeaux. On était, on est plus que jamais, le socle l'un de l'autre. Le noyau dur. On est la famille de base l'un de l'autre. Ce que Clémentine et Fanny ont d'exceptionnel depuis le début, en plus de toutes leurs qualités, c'est de n'avoir jamais cherché à ce qu'il en soit autrement. Si elles ne l'avaient pas compris, jamais ce que mon frère a fait pour moi n'aurait été possible. Me donner sa peau.

Quelque chose me fera toujours mal dans ce qui s'est passé : dans mon esprit, Eric ne devait jamais souffrir. Dans les mauvais films que l'on se fait parfois dans sa tête, je me sentais le plus armé pour affronter les coups durs. Je m'étais souvent dit : « Si jamais l'un de nous deux doit avoir mal, je préfère que ce soit moi. Je me débrouillerai toujours avec les douleurs. » Ce n'était pas pour faire le fanfaron, mais je ne pouvais pas supporter l'idée qu'il souffre. Je voulais le protéger. Qu'il ne lui arrive jamais rien. J'aurais donné ma vie pour lui. Et sur mon lit de douleur, j'ai continué à le penser, depuis les brumes des drogues où je survivais : « Je préfère que ce soit moi. » Le malheur, c'est que pour que je vive, il a fallu qu'il souffre aussi.

ERIC

Le dimanche, veille de l'accident, pendant que Franck et Clémentine étaient dans la famille de Clém dans le Nord, j'étais dans l'entreprise où je travaille en horaires décalés. Je fais les 5/8, un rythme complexe qui me met en poste parfois les jours fériés, parfois la nuit. Travailler de nuit est un peu pénible, mais en six ans, j'ai fini par en prendre l'habitude, tout métier a ses inconvénients. Je suis opérateur-régleur chez Unither, un laboratoire pharmaceutique qui offre de bonnes conditions de travail dans des locaux agréables et sains. Mon métier consiste à fabriquer en milieu stérile des unidoses pour le traitement de l'asthme, des sérums physiologiques, gels larmes ou collyres, et ce sont mes produits que je verrais débarquer dans la chambre de Franck, puis dans la mienne. J'aurais préféré ne pas voir, de mes yeux desséchés par la pressurisation de la chambre stérile et les interventions, l'utilité de mon métier…

Le lundi 26 septembre, je travaillais l'après-midi. Comme Fanny ne travaille jamais ce jour-là, nous avons déjeuné ensemble à la maison, avec Jules qui devait y être gardé l'après-midi par Lulu, sa mamie, la mère de Fanny. Fanny partait faire du cheval avec Alexandra, la femme de son frère, Sébastien. Je reprenais à quatorze heures, et je me souviens d'une chose idiote, de celles que l'on se remémore parce qu'elles ont eu lieu juste avant le malheur : j'étais parti en colère contre Fanny. Je ne sais même plus à propos de quelle broutille. J'ai embrassé Jules. C'était la dernière fois que je voyais mon fils avant un mois.

FRANCK

Le lundi 26 septembre, après ma matinée de travail, je suis rentré déjeuner à la maison comme d'habitude, en dehors du vendredi, jour du déjeuner traditionnel de tous les salariés avec Peter, le patron de la petite entreprise familiale. Je n'ai qu'une heure quinze à moi, mais j'ai la chance de n'habiter qu'à trois kilomètres. Il m'arrivait de râler parce que la distance ne me laisse même pas le temps d'entendre en entier un nouveau morceau proposé par Deezer, ma drogue !

L'après-midi, je suis parti pour treize heures trente, comme d'habitude. Comme d'habitude, je me suis garé sur le parking devant l'entreprise, un bâtiment rectangulaire sans signe particulier, situé dans une petite zone industrielle de boîtes de papiers peints, peinture, blanchisserie, ou quincaillerie. Je me sens bien chez Additek, qui m'a donné ma chance et m'a formé après mon arrivée en intérim en 2004. J'avais un CAP, un BEP et un bac pro boulangerie, un milieu qui ne m'avait pas convenu. J'ai commencé par faire du conditionnement dans l'une des deux boîtes qu'avait à l'époque le patron d'Additek, où Eric a travaillé aussi pendant cinq ans. Quand l'entreprise a fermé, il a licencié les trois quarts du personnel, mais il nous a proposé à nous de rester. Il avait vu qu'on était des gars motivés, avec l'envie d'apprendre et de marcher droit. Eric a refusé pour voir autre chose. Moi, j'ai accepté. À soixante-dix ans aujourd'hui, ce patron garde un œil sur l'entreprise, mais il a donné les commandes à son fils, Peter, un P.-D.G. quarantenaire amical. Nous ne sommes plus que quinze salariés autour de lui, on se connaît bien, même si on ne se voit pas en dehors du travail. Les relations sont renforcées par les apéro-déjeuners du vendredi, qui se passent au rez-de-chaussée dans une petite salle aussi bien équipée et chaleureuse qu'une maison, non loin de l'atelier où je bosse. Chacun connaît les grandes lignes de la vie de famille de l'autre, ses passions et ses occupations. C'est David qui se met toujours en cuisine, l'un des trois agents de production et maintenance, avec Ahmed et moi. Ahmed, c'est celui dont je suis le plus proche, avec qui je commentais l'actualité, la politique, et nos humeurs du jour, des discussions qui n'en finissent pas. Mais je m'entends aussi bien avec Marlène, qui s'occupe des analyses chimiques, Séverine la comptable, Valérie qui s'occupe des transports et du secrétariat, Jeanne-Marie pour la recherche et le développement, un représentant souvent sur les routes, et Jacques le chef de prod, mon supérieur direct. C'est lui qui me liste chaque matin mes tâches du jour, à effectuer le plus souvent dans l'atelier où je bosse avec David et Ahmed.

Dans le couloir qui mène à l'atelier, on nous a aménagé un coin sanitaire, avec trois douches, une chacun, et deux casiers par personne pour nos petites affaires, c'est vous dire que le patron est aux petits soins. Après dix ans de boîte, je faisais des préparations, des mélanges de résines, d'huiles et de solvants, parfois salissants ou malodorants. On a plaisir à se doucher quand on s'en va à dix-sept heures, heure à laquelle je retrouve Clémentine, tout juste sortie de sa classe. L'atelier est une grande pièce très haute avec des cuves et d'énormes tuyaux partout, courant jusqu'au plafond, un enchevêtrement qui évoque le Centre Pompidou. Le lieu est divisé en trois parties, une partie « poudres » à gauche, une partie principale au milieu, où l'on fabrique les produits, une partie magasin à droite, derrière de hautes cloisons, qui débouche par de grandes portes de tôle sur le parking où les chargements sont pris par les camions.

Ce jour-là, je travaillais au milieu, là où il n'y avait aucun risque de projection de produits chimiques, aucun risque de coulures ou d'éclaboussures, comme cela peut arriver parfois, sans que ce soit dangereux pour autant, encore moins explosif. Je n'ai jamais eu le sentiment de faire un métier dangereux, tout simplement parce qu'il ne l'est pas ! Pas particulièrement maladroit, je travaillais protégé par une combinaison synthétique et des lunettes quand il y avait le moindre risque d'éclaboussures. Nous avions reçu deux ans plus tôt une formation sur la sécurité des produits chimiques que nous utilisions au quotidien. L'usine avait mis à notre disposition de la Diphotérine, un produit de premier secours contenu dans des bombes sous pression sur le principe de l'extincteur, de la même taille environ. Il permet de donner les premiers soins en cas de brûlure chimique irritante, notamment sur les yeux ou la peau. Je manipulais tous les jours des bidons, des liquides, je faisais des mélanges dans des cuves, et je n'ai jamais été kamikaze : le risque était nul et tout incident gérable. Jamais il n'y avait eu d'accident avant le mien. Je me sentais dans une bonne maison. Simplement, le pire peut arriver, même dans les bonnes maisons. Il suffit de ne pas avoir de chance.

Ce jour-là, je suis passé me changer en enfilant simplement un pantalon de travail et une veste en coton sur mon tee-shirt, vu la chaleur estivale. Il n'en est pas resté grand-chose. Si j'avais porté la combinaison synthétique, je serais mort. Je ne portais pas les lunettes de protection, inutiles pour ce que j'avais à faire, mais j'avais enfilé les chaussures de sécurité, obligatoires en entreprise. Mes pieds s'en sont trouvés pas mal épargnés. Je ne portais pas le casque intégral mais le masque à cartouche, du type utilisé par les peintres au pistolet. J'allais l'arracher sous le coup de la douleur pour protéger mon visage de mes mains, un réflexe connu sous le nom de « syndrome face mains ». Sauf que le visage n'est pas protégé pour autant et les mains, si précieuses, prennent tout. Quant aux gants en nitrile que je portais, un genre de caoutchouc, ils ne m'ont pas rendu service. Le plastique s'est fondu dans mes chairs. Les secours n'ont jamais pu me les enlever. Mes mains feraient partie des zones qui seraient touchées le plus profondément .

David travaillait à droite au coin poudres, et Ahmed n'était pas en vue quand je me suis installé à mon poste de travail. Je préparais depuis une heure un produit qu'on ne faisait que sur commande depuis trois mois. Tout se passait bien. Je dévidais un bidon dans une cuve quand le bidon a explosé. Pourquoi ? On ne sait pas. Bien sûr, sur le bidon comme sur les tas de produits ménagers que nous manipulons tous les jours à la maison, il était écrit « inflammable ». Mais il n'y a pas eu de flamme. Une étincelle ? Mais venue d'où ? Une combinaison chimique explosive ? Mais pourquoi n'était-il rien arrivé avant ? Depuis, par précaution et traumatisme, la société a cessé de fabriquer tout ce qui se fait à partir de produits inflammables, celui-là en premier. On attend encore le rapport de l'Inspection du travail. On ne saura peut-être jamais, pas même à l'inévitable procès dont je n'attends que des indemnités, mais pas l'intégrité de mon corps, sans aucun esprit de vengeance contre un employeur traumatisé aussi, et sans espoir de comprendre. J'aurais aimé savoir. C'est trop dur de ne pas savoir. Je n'arrêterai jamais de me repasser le film dans ma tête, en me demandant : pourquoi ?

Je me suis enflammé comme une torche. Entièrement. Sans l'ombre d'une chance de m'en sortir. Je suis parti en courant vers le magasin. Pourquoi par là ? Je ne sais pas. Il faudrait demander à mon cerveau, en retrouver la boîte noire. Par réflexe. David, qui travaillait près de moi au coin poudres, m'a vu passer en flammes. Il paraît que j'ai arraché ma veste en courant. Il n'en est rien resté. Le bruit de l'explosion a fait sursauter tout le monde, jusqu'aux employés des bureaux du premier étage qui sont descendus en panique. Je n'ai pas eu le réflexe de me diriger vers la douche. La douleur était déjà trop forte pour me laisser réfléchir, l'aveuglement des flammes trop intense pour me permettre de tourner un robinet de toute façon. Je suis peut-être allé par là parce que c'était l'extérieur, le parking, des portes immenses, quelque chose de rassurant. Mais je n'avais rien à espérer de ce côté-là normalement. Ce n'était même pas le chemin le plus court pour aller dehors. Il existait une porte plus petite, que j'aurais pu aller ouvrir. Le hasard a fait qu'Ahmed bossait côté magasin, en haut d'une passerelle, à l'autre bout. Quand il a entendu l'explosion, il est descendu à toute vitesse, m'a vu passer à son tour, courant enflammé comme un fou. J'arrivais tout juste à l'air libre, sur le parking. Il m'a hurlé : « Arrête de courir ! Couche-toi ! » Je me suis jeté par terre. Il venait de nettoyer dehors l'une des cuves qu'on sort régulièrement avec le « Fenwick », un chariot élévateur, pour les nettoyer. Ahmed n'avait pas encore coupé l'eau à la source. S'il avait dû aller ouvrir l'arrivée d'eau, j'étais mort. Il n'a même pas appuyé sur la gâchette du pistolet, il l'a carrément arrachée. C'est Ahmed qui m'a éteint. Parce qu'il a eu les réflexes de tous les bons gestes. La dernière image que j'ai gardée, c'est celle de David qui déboulait dans la foulée avec la bombe de Diphotérine. Le jet a duré cinq secondes et je me souviens que l'une de mes dernières pensées a été : « Mais il n'y a rien, là-dedans ! C'est nul, ce truc ! » C'était bon pour les petites projections chimiques, sûrement. Pas pour moi. Je ne me souviens de plus rien après, à part d'une paire de chaussures de pompier, dans un dernier sursaut de lucidité. Les secours m'ont plongé dans le coma tellement je hurlais, paraît-il. L'équipe n'a jamais oublié. Je n'en ai, moi, aucun souvenir.

ERIC

À seize heures, je suis monté faire ma pause dans le réfectoire, comme d'habitude, une pièce agréable bordée de baies vitrées. Là, comme dans l'atelier où je travaille, je n'ai pas de réseau. Il m'arrive de redescendre sans sortir sur la terrasse pour écouter mes messages. Mais il faisait tellement beau que je n'ai pas résisté à l'envie d'un peu de soleil. Mes collègues étaient près de moi quand j'ai écouté un message incompréhensible, un filet de voix venant d'un 06 inconnu de mon répertoire. J'ai cru à une embrouilleuse intéressée par l'une de mes annonces postées sur le Bon Coin. Je n'ai même pas cherché à réécouter le message. J'allais redescendre au labo quand deux minutes après, le même numéro rappelait. C'était Clémentine en larmes, un souffle : « Il s'est passé quelque chose de grave… C'est avec Franck… » Une seconde, j'ai cru qu'ils se séparaient, même si je ne vois pas pourquoi elle m'aurait joint moi, surtout en plein boulot, mais enfin j'étais loin d'imaginer… Elle a continué : « Franck a eu un accident. Ça a explosé. Il est brûlé. Je l'ai pas encore vu. Il y a les pompiers… » Je ne sais plus ses mots exacts, leur ordre. Je me souviens juste que son propos était décousu et Clém, je la connaissais, ce n'était pas une paniqueuse. Je n'ai eu qu'un mot : « J'arrive ! »

Tout de suite, j'ai appelé mon responsable, Manu, pour lui dire que je partais, mais il ne répondait pas. Les collègues m'ont appris qu'il était en réunion avec son supérieur, le responsable des opérations. Je suis monté directement dans les bureaux, je suis entré en trombe dans la salle de conférences et j'ai lancé d'une traite : « Mon frère a eu un grave accident, il faut que je parte ! » Manu est un mec super, pas un ami dans le privé mais quelqu'un de direct avec qui je parle sans filtre, en confiance. Il m'a lancé dans la seconde : « OK, vas-y, file ! » J'avais le cœur qui battait à deux cents à l'heure. Je ne savais encore rien, sinon que c'était grave.

J'ai juste eu à récupérer ma veste dans le vestiaire, puisque je m'étais déjà mis en tenue de ville pour prendre la pause, mon travail en milieu stérile s'effectuant en pantalon-blouse blanc comme en milieu hospitalier. J'ai cherché ma voiture sur le parking. Pas trouvée. Dans la panique, j'avais oublié être venu en covoiturage avec un collègue. J'ai appelé Fanny pour lui demander de passer me prendre d'urgence dans la zone industrielle d'Amiens où je travaille, toute proche de l'endroit où les chevaux de sa belle-sœur sont en pâture. Mais Fanny était déjà en route.

C'est sur son cheval que Fanny a reçu l'appel de Clémentine lui demandant mon numéro sur un ton inhabituel. Fanny le lui a envoyé par SMS, mais quand Clém l'a rappelée juste après pour obtenir cette fois le numéro de nos parents, elle lui a demandé : « C'est Franck ? » Clém a répondu, la voix nouée : « Oui. C'est très grave. » Fanny s'est tout de suite souvenue que je n'avais pas pris ma voiture et elle se dirigeait vers moi. Elle venait de rappeler Clém pour en savoir plus, mais elle était dans une confusion telle que nous étions loin de cerner le drame. Incapable de tenir en place, j'ai commencé à marcher dans la zone industrielle pour aller à la rencontre de Fanny. J'ai appelé Peter, le fils du P.-D.G. d'Additek que je connaissais bien pour y avoir travaillé. Il était arrivé alors que l'accident venait de se produire et ne m'en disait que peu de chose, il en savait très peu lui aussi. J'ai retenu « explosé », « brûlé à 80 % ». Peter semblait très choqué lui-même. La route pour Moreuil, d'une vingtaine de kilomètres, m'a semblé interminable. Fanny, au volant, s'appliquait à garder son sang-froid et m'écoutait retourner des questions sans réponse : « Une explosion ? Mais il n'y a rien qui explose dans cette boîte ! » J'étais bien placé pour le savoir puisque j'y avais travaillé. « Et s'il y a une explosion, on est pulvérisé ! On n'est pas brûlé ! » J'imaginais tous les scénarios possibles. Fanny prenait sur elle et me répétait : « Calme-toi. On va bientôt arriver, on en saura plus. » J'ai cru devenir fou.

Le parking de l'usine était transformé en une scène irréelle, digne d'un décor de film, avec des gendarmes, l'équipe d'employés d'Additek hagards et sévèrement traumatisés… Mais le plus dur, c'était Clémentine. Elle a couru vers moi et s'est jetée dans mes bras en pleurs. Moi, je ne pleurais pas. J'étais choqué. Anesthésié. Je répétais mécaniquement « ça va aller… ». Mais elle, elle savait déjà que non. Elle était là depuis une petite heure, les pompiers venaient de partir, l'hélico de décoller. L'hélico ?! Dans la région, c'est plus que rare. Tous les employés des entreprises alentour étaient sortis pour avoir des explications. Même *Le Courrier picard* venu sur les lieux avait déjà fait paraître un entrefilet : « Les sapeurs-pompiers sont intervenus l'après-midi de (*sic*) lundi 26 septembre, chez Additek, une entreprise de la zone industrielle de Moreuil, dans l'est de la Somme. Un salarié de l'usine a été brûlé, a priori avec l'un des produits utilisés sur le site. Il a été évacué par hélicoptère vers un hôpital parisien. Une enquête est en cours. » J'avais raté mon frère de dix minutes. Mais Clémentine l'avait vu, dans le cockpit de l'hélico.

FRANCK

Moi, à partir de là, je ne suis plus présent pour plusieurs semaines, plongé dans le coma artificiel, avant d'en émerger sous sédation tellement puissante qu'on ne peut pas dire que je serais présent durant les semaines qui suivraient non plus.

Ce qu'elle avait vu et vécu, Clémentine me l'a raconté bien après, par petites touches pour me ménager, à partir du moment où j'ai émergé du coma, mais surtout beaucoup plus tard. Aujourd'hui encore, il m'arrive d'apprendre des choses, même si on en parle de moins en moins. Mon accident a été un traumatisme pour elle aussi.

Clém n'a été prévenue qu'une heure après l'accident, vers quinze heures quarante-cinq, à cause de l'accès par code de mon téléphone. Valérie, l'une de mes collègues, s'est souvenue que Clémentine faisait parfois des remplacements dans l'école d'un village voisin, et a appelé la directrice, qui a contacté Clém sur son portable. Quand Clém est arrivée, des gendarmes lui ont barré la route pour l'empêcher de rejoindre l'hélico du SAMU où je venais d'être pris en charge. Une collègue a tenté de la réconforter : « Un bidon a explosé. Franck a été brûlé mais ça va, ça va… » Clémentine a définitivement su que ça n'allait pas quand un pompier ou autre lui a dit : « Le

SAMU prodigue les soins d'urgence, on est en train de le plonger dans le coma», en ajoutant cette justification malheureuse : « Il hurlait trop. » Clémentine, tétanisée, a voulu joindre Eric évidemment, mais dans la panique, elle s'est trompée de code sur mon téléphone. Troisième tentative, troisième erreur, l'appareil s'est bloqué. Clémentine s'est repliée sur le Messenger de Facebook, sans réponse évidemment, avant de réaliser qu'elle avait le numéro de Fanny dans son portable depuis nos vacances communes aux sports d'hiver. Ces moments où mes plus proches ne parvenaient pas à se joindre les ont beaucoup marqués, ils ne seraient forts qu'ensemble et ils le pressentaient déjà.

Clémentine a insisté pour me voir dans l'hélicoptère. Elle est restée hantée par la vision de mon corps enseveli sous l'aluminium, inerte, le visage rouge violacé, et, ce qui l'a particulièrement choquée, une tête entièrement imberbe, sans ma petite barbe, mes sourcils, mes cheveux. Des vêtements que je portais, il n'était resté que le col de mon tee-shirt, mon caleçon et mes chaussures. Tout avait brûlé. J'étais déjà intubé, sous respiration artificielle, plongé dans le coma. Le médecin du SAMU l'a prise à part pour lui annoncer : « Franck va partir à Paris, au CTB, le Centre de traitement des brûlés de l'hôpital Saint-Louis. Inutile d'y aller, vous ne le verriez pas, la prise en charge d'urgence est trop lourde. Le mieux que vous avez à faire est de rentrer chez vous et de téléphoner pour prendre des nouvelles plus tard dans la soirée. » Elle lui a demandé : « Mais… il risque de mourir ? » Il lui a répondu sans hésiter : « Oui, c'est très sérieux. Le pronostic vital est engagé. » Il l'a laissée remonter me voir dans l'hélico. Elle était en apnée, n'a pas pu souffler un mot. Elle a juste eu cette pensée : « C'est peut-être la dernière fois que je le vois vivant. »

ERIC

Mes souvenirs sur place sont emmêlés tellement j'étais choqué. Je me souviens des gens en larmes sur le parking, des gens que je connaissais pour la plupart puisqu'ils avaient été mes collègues. Séverine la secrétaire, Valérie une petite blonde, Peter, tous dévastés. Certains étaient tellement choqués qu'ils avaient dû rentrer chez eux, Ahmed probablement, puisque je ne l'ai pas vu alors qu'on m'a dit très vite qu'il avait « éteint mon frère ». J'ai attrapé au vol dans les conversations, ou entendu en direct d'autres expressions atroces comme « torche vivante », « couru en flammes ».

J'ai eu du mal à encaisser la consigne : « Appelez Saint-Louis à dix-huit heures. D'ici là, ça ne sert à rien, on ne pourra rien vous dire de plus. » Le temps était suspendu, ma vie avec. C'est plus tard, quand on a vu des arrivées de grands brûlés à l'hôpital, que l'on a compris pourquoi la famille n'était vraiment pas bienvenue sur le moment. D'un coup, dans les chambres qui font aussi bloc opératoire, une équipe médicale de quinze personnes ultra-spécialisées s'affaire autour d'un corps sur qui on ne pourra rien pronostiquer avant longtemps. Car les brûlures évoluent, s'étendent ou régressent, les organes vitaux peuvent être touchés, ce que l'on ignorait bien sûr. On ignorait aussi que la seule peau calcinée est un poison pour l'organisme, que l'absence du film protecteur qu'est la peau expose à toutes les infections imaginables parce que le corps est sans défense aucune contre les germes du monde extérieur. On avait dit à Clémentine : « brûlé à 80 % », mais on ne savait pas si c'était vraiment le cas, ni ce que cela impliquait. La vérité, c'est que personne ne savait si Franck allait vivre quelques jours ou quelques heures, ou s'en sortir. Clémentine a eu la délicatesse de ne pas me dire que mon frère pouvait mourir. Heureusement. Je l'apprendrais bien assez tôt.

On est restés assez longtemps chez Additek, une ou deux heures, assis dans le hall d'entrée, Clém, Fanny et moi, avec certains employés par intermittence, à essayer de prédire l'avenir et s'expliquer ce qui venait de se passer, partager ce que l'on savait sur les brûlures, et surtout, essayer de reconstituer le déroulé de l'accident, avec plus de questions que de réponses : c'était quoi, ce produit ? Pourquoi le bidon avait explosé ? Est-ce qu'il y avait eu une imprudence ? De la part de mon frère, je n'y croyais pas, mais est-ce que des normes de sécurité n'avaient pas été respectées ? J'étais en colère, pas contre Franck mais contre un coupable non identifié, contre le destin, c'était mon moyen de tenir le coup. Pourquoi ne portait-il pas une tenue ignifugée ? C'est vrai, il était protégé contre les émanations, les évaporations de solvants, et il ne manipulait rien d'explosif, mais malgré tout, il s'agissait de produits inflammables. Personne ne comprenait.

J'ai demandé l'endroit où avait fini de brûler mon frère, comme si je pouvais découvrir la vérité à l'œil nu, trouver des indices, revivre la scène. J'ai retrouvé un atelier que je connaissais par cœur pour y avoir travaillé cinq ans, à part les machines qui avaient changé. « Notre Tchernobyl », comme on l'appelait, avec ses gros tuyaux, ses armatures, ses zones de lumière passant à travers les baies vitrées et la tôle transparente au plafond qui laissait filtrer un soleil qui paraissait décalé avec ce que je vivais. C'était une si belle journée… J'étais en tee-shirt. À l'endroit même de l'explosion, devant la cuve, on distinguait une zone bien noire, les traces d'un impact et de flammes. Les gendarmes m'ont interrogé parce que c'était un accident du travail, déclenchant donc une enquête, et que j'avais moi-même travaillé là. J'ai dit ce que je savais : « Je ne connais pas les produits utilisés aujourd'hui, mais Franck ne m'a jamais parlé de produits explosifs. »

Mon horizon, c'était le coup de fil de dix-huit heures. Je ne tenais pas en place, mais nous ne réussissions pas à quitter les lieux. C'était le dernier endroit où Franck avait été présent vivant. Je voulais juste une chose, c'était être avec mon frère, et je n'en avais pas le droit! Je restais assis à parler et cogiter, je me levais, je sortais sur le parking. J'ai même taxé une cigarette à Peter pour aller fumer alors que je ne fume pas habituellement. J'ai prévenu les premières personnes, mais je ne sais même plus qui a appelé mes parents, si c'est moi ou Fanny. Ils ont dit qu'ils viendraient le lendemain à Saint-Louis. Assommés. Comme tout le monde. J'ai appelé Nounours, et je lui ai annoncé les choses en vrac, comme nous le faisions tous sous le choc : « Franck a été gravement brûlé chez Additek, il est parti en hélico à Paris, on y va demain, tu veux venir avec nous ? » Sa réponse a fusé : « OK, je serai chez vous demain matin, on partira ensemble. » Je le connaissais depuis quinze ans, on avait travaillé ensemble chez Additek, et c'était un peu notre troisième frère, à Franck et moi. Il cherchait du boulot à cette époque-là. Nounours nous accompagnerait au quotidien pendant des mois. J'ai appelé mon patron, à qui j'ai expliqué que je ne reviendrais « pas tout de suite ». Je pensais être absent trois jours pour rester au chevet de Franck. Je voulais minimiser. Je pense que c'est naturel, le refus de croire.

Fanny est partie chez le médecin de Franck au village pour récupérer des arrêts de travail pour elle et moi. Une collègue de Franck était déjà allée de son côté en chercher un pour Clém. Il était évident que nous ne nous quitterions pas et que nous n'étions pas en état de travailler, moi parce que mon frère, c'était mon socle, ni Clémentine dont c'était l'amour et qui doit tenir une classe de petits, ni Fanny, qui doit avoir la tête tout entière aux situations d'enfants placés dont elle s'occupe. Le médecin connaissait l'ampleur de l'accident depuis le passage de la collègue un quart d'heure plus tôt. En la voyant arriver, il a demandé à Fanny, la mine sombre : « Ça y est ? » Sous-entendu « ça y est, il est mort ? » Franck ne l'a jamais su, jusqu'à ce que je le dise ici. Quand Fanny est revenue avec la feuille d'arrêt maladie indiquant « quinze jours », je lui ai reproché la durée : « Mais arrête, je t'avais dit une semaine, c'était bon ! » Fanny avait compté une semaine de repos en plus, se doutant bien que je serais trop mal. Mais ni elle ni moi n'imaginions la durée de l'hospitalisation de Franck, ni à quel point je serais impliqué physiquement dans sa survie. Je n'imaginais pas qu'une brûlure pouvait obliger à des greffes, ni que ce ne serait possible que grâce à moi, parce que j'étais son jumeau. Comment aurais-je pu savoir ? Et encore moins qu'il pouvait mourir. Je ne le voulais pas ! Pourtant, dans un coin de ma tête, quand un gendarme pas malin m'avait montré sa main en me disant : « Regardez, moi aussi, j'ai été brûlé, voyez, là… » et il désignait une zone de la taille d'une pièce de deux euros, ajoutant « et je me suis très bien remis », ça m'a semblé hors de propos ! Je n'avais aucune force pour lui hurler qu'il n'avait rien compris. Même si moi non plus, je n'avais pas tout compris, je savais qu'un chiffre avancé de l'ordre de 80 %, ce n'était pas un rond de deux centimètres !

Vers dix-huit heures, Clémentine, Fanny et moi, on a enfin levé le camp pour faire étape chez Clémentine, rejointe par sa grand-mère accourue pour la réconforter. On a la chance que les familles de Clémentine comme de Fanny, en plus d'être exceptionnelles, habitent toutes les deux à moins d'une heure de route de chez nous. Il faudrait qu'elles soient sacrément solides pour affronter les épreuves à venir.

C'est de chez Clémentine qu'on a appelé Saint-Louis.

Notre premier interlocuteur a été le docteur Axelle Ferry, l'une des médecins urgentistes chargées de communiquer les grandes lignes médicales aux familles des nouveaux entrants. Elle nous a dit que Franck était en réanimation, qu'on ne pouvait à ce stade annoncer aucun pourcentage de brûlure, mais que c'était au moins 80 %, on ne pouvait surtout pas en dire la profondeur ; ils allaient l'intuber, les organes avaient peut-être été touchés, les poumons, c'est sûr, il était dans une chambre technique, sous assistance respiratoire, le pronostic vital était engagé. Ce sont des suites de mots. Parfois compréhensibles, parfois moins, tous alarmants. Mais il restait impossible pour moi de me dire que Franck allait mourir, ni même qu'il pouvait mourir. À la fin de la conversation, le docteur Ferry s'est montrée très ferme : « Une seule personne par famille est autorisée à appeler pour reprendre des nouvelles dans la soirée. Même règle pour la suite. Désignez quelqu'un pour appeler, qui se chargera de transmettre les nouvelles aux autres. On ne peut pas gérer les appels multiples. » On a décidé que la déléguée aux appels serait Clém, mais on avait un peu la rage, surtout moi, j'étais quand même son jumeau ! On a vu plus tard l'ambiance des urgences médicales, qui fait d'un coup de fil une perte de temps et d'énergie dans un service très spécialisé avec des soignants hyperconcentrés, qui doivent être prêts à réagir en une seconde, parce que la vie tient à un fil et que tout peut lâcher à tout moment les premiers temps. C'est difficile d'imaginer ça. On ne le voit que dans des séries à la télé.

Avec Fanny, vers dix-neuf heures, alors que la nuit tombait, on est rentrés, totalement abattus, dans notre maison vide. La mère de Fanny, qui gardait Jules, l'avait ramené chez eux parce qu'on n'aurait jamais été assez disponibles pour nous en occuper. En l'espace d'une demi-journée, je me retrouvais privé de mon frère et de mon fils, chacun à leur façon la base de mon bonheur et de mon équilibre. J'ai rappelé mes parents, qui n'arrivaient pas à réaliser, et dont j'ai oublié les mots mais pas le désarroi. J'ai passé quelques autres coups de fil, mais sans avoir le cœur d'appeler François et Hélène, pour ne pas gâcher leur bonheur à l'approche de la naissance de leur enfant. Et inévitablement, je me suis précipité sur Internet. C'est là que je m'en suis pris plein la gueule, il n'y a pas d'autre mot, avec des histoires de degré de brûlure, de greffe, et des photos pas regardables. Je me disais : « Nous, c'est pas ça… Ça ne se peut pas. » J'ai fermé l'ordinateur. Avant de nous coucher, juste avant minuit, on a rappelé Clémentine, réfugiée avec leur chat chez ses parents parce qu'elle crevait d'angoisse dans leur maison vide. Sur leur lit, elle avait retrouvé le casque de Franck, celui de la musique qu'il avait écoutée le matin même, son bol dans l'évier, et toutes les traces encore fraîches d'une vie. Elle venait d'appeler une dernière fois Saint-Louis avant le lendemain matin. Médicalement, il n'y avait rien de neuf. Ni pire ni mieux. Ils ne se « prononçaient pas », comme on dit.

Je n'ai pas dû dormir une heure d'affilée. En pleine nuit, avec Fanny, on s'est enlacés et on a éclaté en sanglots.

DEUXIÈME PARTIE

Chambre 11 du Centre de traitement des brûlés

Hôpital Saint-Louis

26 septembre 2016 – 30 janvier 2017

ERIC

Le mardi 27 septembre, nous sommes tous arrivés en voiture à l'hôpital Saint-Louis, Fanny, Nounours et moi d'un côté, Clémentine, son frère Hugo et le Papou de l'autre, Papou étant le surnom de son père. Les visites n'étaient autorisées qu'à treize heures mais on s'est retrouvés bien avant à piétiner dehors. Comme tous les inconnus que l'épreuve réunit, on avait l'impression d'être en famille et soudés depuis toujours, alors que certains d'entre nous ne s'étaient jamais rencontrés jusque-là. Il faisait beau, et on regardait ce bâtiment super-moderne qu'est le CTB, créé en 2012 et pensé dans les moindres détails, architecture et équipements, par un chirurgien ultra-spécialiste des grands brûlés à l'AP-HP (Assistance publique-Hôpitaux de Paris), le professeur Maurice Mimoun. Il dirige le CTB avec le professeur Alexandre Mebazaa, l'anesthésiste-réanimateur ultra-spécialiste lui aussi, que l'on ne serait pas amené à connaître vraiment, même si l'on doit la vie aussi à son équipe.

On comprendra très vite que le risque vital du grand brûlé, c'est moitié la peau, donc tout le côté chirurgie, moitié la survie organique sur un plan plus général, donc tout le côté anesthésie-réanimation. Une trentaine de personnes – infirmiers, aides-soignantes – sont dévouées à seulement quinze patients dans ce service de pointe où le personnel a des compétences spécifiques dans le domaine de la brûlure. Une infirmière par chambre est dédiée à ce seul patient à temps complet. On allait apprendre à connaître ces héros qui travaillent dans des conditions rendues encore plus pénibles par la température de 30 °C, qui nous semblera aberrante avant qu'on en sache les raisons. Le CTB est divisé en trois parties, le secteur 1 avec les chambres 11 à 15 pour les patients en réanimation et urgence vitale, le secteur 2 avec les chambres 21 à 25 pour les patients en situation encore critique ou sous dialyse, et le secteur 3 avec les 31 à 35 quand on peut envisager la sortie dans les semaines à venir sans craindre pour la vie. Il va de soi que Franck était dans la première section. La chambre 11, j'allais la connaître par cœur, jusqu'à la forme des boutons-poussoirs des différents tuyaux et les détails de l'embrasure des fenêtres.

Une secrétaire nous avait appelés pour nous expliquer le principe des visites dans ce bunker de haute technologie, un milieu stérile absolu au point que même l'ouverture des chambres a été voulue « au pied », non manuelle, pour éviter de contaminer les mains et de faire circuler les germes. On laissait toutes nos affaires, sacs, manteaux, bijoux, dans un casier de la salle d'attente située au bout d'un couloir, on sonnait pour entrer dans le CTB, qui n'était ouvert que sur appel et présentation précise à l'interphone, puis on se désinfectait les mains une première fois. On ne pouvait entrer dans la chambre de Franck que deux par deux, couverts d'une blouse en papier jetable, avec gants et masques en cas de rhume, et à nouveau désinfectés, en passant par un sas de décontamination. Il était doté d'une atmosphère pressurisée de façon négative, pour éviter l'entrée des microbes ou leur stagnation. Ces précautions d'hygiène et d'asepsie me déroutaient moins que les autres, c'est l'environnement dans lequel j'évolue au travail. C'est après que j'ai reçu le choc…

À treize heures, quand je suis rentré dans la chambre avec Clémentine, je ne peux même pas dire ce que j'ai ressenti. Je n'ai jamais eu de vision plus douloureuse de ma vie. Franck était une momie. Entièrement bandé, de la tête aux pieds, avec le plus choquant, faute d'explication : sa tête était plus grosse qu'un ballon de foot ! Sur le lit, une montagne de bandages dessinait vaguement la forme d'un homme. Les seuls éléments de chair qui dépassaient étaient des paupières violettes, comme si mon frère avait été boxé, fermées sur des globes oculaires exorbités, deux bouts de narines épatées, et des lèvres obèses d'où sortait un tuyau… Et je n'hallucinais pas.

Franck a pesé jusqu'à cent dix kilos contre soixante-quinze normalement, un chiffre qui s'affichait sur l'un des innombrables écrans, à cause des trente-deux litres d'eau qu'on lui a injectés dans le corps les premières vingt-quatre heures, un impératif médical de première nécessité chez les grands brûlés. Elle est mêlée de molécules et de noradrénaline, qui aide le cœur à pomper. On apprenait que le corps, privé de son enveloppe protectrice, ne garde plus ni l'eau ni la chaleur. Ils hydratent donc énormément, et sans arrêt au début, pour compenser la perte. Cette privation de couverture cutanée fait aussi que le corps du brûlé refroidit inexorablement. La température de Franck a pu chuter jusqu'à 32 °C, sa température à son arrivée, un record ! C'est ce qui expliquait que la chambre dans laquelle nous nous trouvions n'était pas chauffée mais surchauffée, à 28-30 °C. On étouffait, face à une image à laquelle on ne pouvait croire, pire que tout ce que j'avais imaginé. Mon frère, j'ai l'habitude de me voir en le regardant, et là, je ne « nous » reconnaissais plus. Ce n'était plus moi, mais un mec boxé qu'on avait matraqué, non identifiable. Je me suis écroulé en sanglots, Clémentine a fait pareil à côté de moi. Je ne suis pas quelqu'un qui pleure. Ce jour-là comme les suivants, j'ai pleuré jusqu'à en avoir les paupières qui brûlent. Je n'imaginais même pas qu'un corps puisse contenir autant de larmes.

On est restés là un long moment, sans rien se dire, en croisant parfois notre regard rempli de larmes et d'incrédulité, dans les ronflements et les bips de machines d'une chambre dont on ne peut pas concevoir le degré de technologie, devant le corps de Franck branché de tuyaux partout, qui mesurent en temps réel tous les paramètres vitaux, biologiques, sanguins, etc. Un brûlé est en danger de mort imminente en permanence et la vie peut s'en aller de partout.

Le professeur Mimoun a conçu les chambres sur le principe du « presque tout dans la chambre », comme on l'apprendrait ensuite dans les vidéos sur le CTB qu'on a regardées sur Internet. La chambre fait office de bloc opératoire, mais aussi de lieu de changement des pansements, de toilette, de tout. Le but commun est de ne pas transporter le brûlé flanqué de tout un attirail de branchements vitaux, d'éviter de le balader à travers des couloirs pas aseptisés, et de le faire échapper à tout planning opératoire en attendant qu'une place se libère au bloc. Pas envisageable. Certaines complications du grand brûlé sont des urgences vitales. L'opération chirurgicale doit avoir lieu tout de suite, et si par exemple, c'est digestif, c'est un chirurgien du digestif de Saint-Louis qui se déplace, pas l'inverse. Le brûlé reste sur place et ce sont les médecins qui viennent à son chevet accomplir leurs gestes thérapeutiques. Pour que le malade soit sous surveillance permanente, la chambre est longée de baies vitrées qui donnent sur le couloir d'où le personnel qualifié en chirurgie, réanimation et anesthésie, et spécialisé dans la brûlure, peut observer le patient et intervenir immédiatement s'il s'agite en risquant par exemple de tout arracher. On est sortis de là assommés. C'est le docteur Mourad Benyamina, chef de la réanimation qui nous a gentiment reçus et tout expliqué de A à Z, sur la brûlure et l'état de Franck, de façon très technique mais très compréhensible. C'était bien pire que ce que l'on croyait. Mon frère était à vif, la vie à ciel ouvert. Je pense que c'est là qu'on a vraiment compris…

En réalité, aucune précaution ne suffit à protéger totalement un brûlé. Il s'infecte à ses propres germes, ceux dont nous sommes tous couverts et contre lesquels lui n'a plus aucune barrière protectrice. Et de toutes les hypothèses qui existent en matière de brûlure, Franck avait comme coché la plupart des mauvaises cases, au point que l'équipe ne « se prononçait » pas plus que la veille sur le pronostic vital. On sait aujourd'hui que le moral de l'équipe était au plus bas. Les choses pouvaient difficilement être plus graves, comme on le lirait un an plus tard dans la presse par une déclaration du professeur Mimoun lui-même : « Je suis rarement pessimiste, mais là… » Le docteur Benyamina ne laissait rien filtrer des sentiments de l'équipe, mais nous comprenions malheureusement très bien ses explications. Il nous a déjà expliqué la différence entre une brûlure de premier, deuxième et troisième degrés. Le premier, c'est quand l'épiderme est brûlé, comme lors d'un gros coup de soleil. Le second, c'est quand le derme est entamé. Le troisième, c'est quand il n'y a plus de derme du tout. Franck était brûlé au troisième degré. Et tout le problème, nous disait-il, tenait à la question du pourcentage. Elle est capitale parce qu'on ne peut pas vivre plus de quelques jours en gardant la peau brûlée sur une grande étendue. Non seulement elle ne joue plus aucun rôle protecteur, mais surtout, en soi, elle intoxique le patient. Elle envahit les organes vitaux, détériore ce qui reste de peau saine, parce que la tendance naturelle d'une grande brûlure, c'est de s'étendre et de se creuser en profondeur, jusque vers l'intérieur du corps. Autrement dit, bien après l'action du feu en soi, le feu continue, en quelque sorte, comme une gangrène semée sur le corps. L'urgence était donc d'exciser la peau brûlée, et il faut impérativement la remplacer par de la peau saine pour couvrir le corps, évidemment. Le processus normal est donc de prélever une pellicule très superficielle de peau sur le patient, là où il a des zones saines, pour la greffer aux endroits les plus mal en point, qui doivent être excisés et recouverts. Je suis désolé pour le petit cours de médecine, mais c'est ce que l'on a dû enregistrer, hochant la tête de temps à autre, posant des questions auxquelles le docteur Benyamina nous répondait toujours avec précision. Il en est venu à la question qui fâche, celle du pourcentage : de la peau saine, Franck n'en avait à peu près pas.

« Brûlé à 80 % », c'est ce que l'on nous avait dit la veille, une estimation. La vérité annoncée par le docteur Benyamina, avec tact, c'était « plus de 80 %… 95% ». Un brûlé a un pronostic optimiste si sa quantité de peau saine utilisable est supérieure ou égale à sa quantité de peau brûlée, c'est mathématique. À défaut de 50 %, 40 % passent encore. Alors on comparait ces 40 % de peau saine qu'il aurait fallu aux 5 % de Franck… et on comprenait. Comme zone non brûlée, Franck avait une partie du crâne, une partie des pieds, et le pubis, c'est tout. Malgré cette donne, la pire qui soit, l'équipe médicale n'avait pas l'intention de ne rien faire, pour attendre sans l'ombre d'un doute ce que l'on sait. Elle allait mettre en pratique des techniques dont on ne peut, bien heureusement, avoir aucune idée quand on n'a pas été confronté au problème.

Ce que l'on pouvait faire, ils comptaient le faire pour mon frère et ils nous en ont donné les grandes lignes. Ils allaient déjà jouer la montre en prélevant le peu qu'ils avaient à leur disposition pour faire des autogreffes. La suite, je ne sais plus qui, du docteur Benyamina ou du docteur Malka, le chirurgien du CTB spécialisé dans les greffes, nous l'a expliqué. Les rendez-vous se sont enchaînés, dans un bureau ou dans un autre, et ni Fanny ni Clémentine n'ont gardé le souvenir de leur ordre. Le choc a effacé le détail.

Le peu de peau prélevable, ils allaient l'étirer. Nous apprenions que la peau saine prélevée peut être passée dans une sorte de moulinette qui la transforme en filet, comme du bas résille. La peau en bas résille est posée sur la plaie en greffe. Nous comprenions mal : et dans les trous, il n'y avait donc pas de peau ?! L'explication tient à la façon dont la peau se régénère. On a tous constaté lors d'une petite brûlure que la tendance naturelle de la peau saine autour est de se rapprocher bord à bord, ce qui fait que la brûlure au milieu diminue progressivement, et la plaie finit par se fermer en quelques jours. Ce processus vertueux se met en place avec des brûlures de petite étendue, tandis qu'avec des grandes, c'est un processus vicieux qui le remplace, la brûlure s'étend, le corps s'épuise. Mille centimètres carrés de peau brûlée ne repoussent donc pas, mais si on la transforme par la greffe en bas résille en mille carrés d'un centimètre disjoints les uns des autres par de la peau saine, ils sont aptes à cicatriser en quelques jours comme un centimètre de peau brûlée. Avec ce procédé de bas résille, la surface de la peau prélevée est multipliée par deux à cinq, selon le réglage de la moulinette. Mais nous avions vite fait les comptes dans notre tête : ce n'est pas avec 5 % que l'on fabriquerait 95 % !

C'est là que les médecins nous ont exposé l'autre technique. Ils allaient aussi lui greffer de la peau de… cadavre. On a failli défaillir. C'était terrifiant. Et ce n'était pas salutaire pour autant ! Car ils ont tout de suite précisé : « Cette peau est rejetée au bout de trois semaines, parce qu'elle n'appartient pas au patient. Et on ne peut administrer aucun traitement immunosuppresseur chez un grand brûlé, ce qui évite les rejets en cas de greffe d'organe, car il mourrait d'infection. » Cette méthode est précieuse quand le brûlé a des parties du corps intactes : on fait le maximum d'autogreffes, prélevant sur le patient lui-même des lambeaux sains pour en recouvrir sa peau brûlée, et on colmate les manques avec de la peau de cadavre. Pendant ce temps-là, le malade est au moins « couvert », pour reprendre les termes des médecins, les brûlures s'aggravent moins, avec une moindre menace sur les organes vitaux. Il cicatrise mieux et son état général s'améliore. La peau de cadavre est rejetée environ au bout de trois semaines tandis que la peau saine repousse progressivement. On fait alors des nouvelles autogreffes. Mais sur Franck, à cause du peu de peau disponible, il aurait fallu faire quarante autogreffes, et d'ici là, il serait mort. Alors il se passerait quoi, après trois semaines ? C'était une façon de gagner du temps, le temps que se produise le rejet. Clémentine et moi étions accablés. Et ce n'était pas tout. On en est venus au reste. Les poumons avaient été touchés, l'insuffisance cardiaque le menaçait à cause de la brûlure qui s'étend volontiers en priorité par là. Les reins sont souvent fragiles. L'intubation favorisait les infections. Ils ignoraient quels organes étaient d'ores et déjà touchés, et surtout, seraient touchés. Chez un grand brûlé, l'état des organes change tous les jours en fonction de l'évolution des brûlures. La situation était en évolution permanente.

Franck n'avait qu'un bon point : le crâne, qu'il avait partiellement intact, est la partie qui se prête le mieux au prélèvement. La tête est une usine à cheveux, donc une usine à peau, parce que c'est un peu la même composition sur le plan embryologique. Elle repousse aussi très vite, ce qui permet de prélever à nouveau assez vite sur le crâne… C'était valable pour les patients qui n'ont pas à couvrir 95 % de leur corps, encore une fois. Malgré tout, le docteur Benyamina nous assurait que l'équipe allait tout faire, les « mini » autogreffes comme la greffe provisoire de peau de cadavre. Parce que c'était ça ou rien. On est ressortis de là anéantis, avec une ordonnance de somnifères. Les médecins n'avaient qu'un message : « Le mieux que vous puissiez faire est de rester debout. Il faut dormir, prendre soin de vous. On prendra soin de lui. »

On a passé l'après-midi dans la chambre de Franck, jusqu'à vingt-deux heures, le maximum autorisé, comme on le ferait tous les jours pendant des mois, poussant souvent jusqu'à vingt-trois. Fanny, Nounours, Hugo, le frère de Clém et le Papou, on se relayait deux par deux à son chevet. Tout le monde était choqué. Mais pour moi, l'épreuve était particulière. Franck n'avait jamais été « seulement » mon frère.

On s'était toujours sentis jumeaux. Et on sentait bien que jumeaux, ce n'était pas comme frères. On avait tout traversé ensemble, le meilleur comme le pire. Toute notre vie commune me repassait dans la tête. « Commune », pour des jumeaux, ce n'est pas qu'un mot. Petits, on nous habillait pareil, avec des coloris différents pour nous différencier, c'est vrai que c'était mignon. On nous offrait la même serviette de bain, une rouge, une bleue, avec notre nom brodé dessus. Si notre grand-mère nous fabriquait des porte-monnaie en cuir, c'étaient les mêmes, un de chaque couleur. On a fait du judo, de la natation, de la gym ensemble. Ma mère tenait à ce que l'on fasse du sport et on s'y adonnait avec plaisir. Ensemble. On était dans la même classe de primaire. On a été scolarisés dans le même collège, où l'administration s'appliquait à nous séparer, en dehors de la classe de quatrième, parce que nous n'étions pas les derniers à faire les pitres. On avait toujours adoré rire ensemble… Et jamais arrêté. On avait toujours eu les mêmes amis, instinctivement, et le premier ami de l'autre a toujours été Franck pour moi et moi pour Franck. Quand on est allés dans un établissement différent, Franck en apprentissage boulangerie à Amiens en internat, puis à Laon dans l'Aisne, et moi à Montdidier, au lycée général, à quarante-cinq kilomètres, on n'était pas très contents parce qu'on ne se voyait que le week-end, même si on se parlait tout le temps. Quand Franck a bossé en boulangerie à Amiens au début, où il s'est pris un studio, ça m'a fichu un coup, même si on passait encore beaucoup de temps ensemble le week-end. J'aurais eu du mal à vivre loin de lui, à l'autre bout de la France. Quand il a acheté à Berteaucourt-lès-Thennes, le berceau familial en plus, on devait avoir vingt-deux ans. Eh bien, j'étais content! Je me suis dit : « Enfin, le voilà rentré! »

En même temps, nous avions chacun nos particularités. On s'appliquait à se démarquer l'un de l'autre, nous n'étions pas du tout fusionnels, au sens que l'on donne à ce mot, avec de la télépathie, des codes, ou un avis toujours commun, bien au contraire. On est capables de « se clasher » sur des broutilles, parce que l'autre est d'un autre avis ou n'a pas la réaction espérée, s'écriant « c'est génial! » assez vite. La minute suivante, on blague et on s'envoie un morceau de musique comme on le fait régulièrement par Messenger. On se rentre dedans, sans se ménager, ce qu'on n'oserait faire avec personne d'autre. Si je ne suis pas d'accord avec Fanny, par exemple, je vais prendre des pincettes, alors qu'avec Franck, on se parle franco, quoique je me sois surpris à être un peu moins dur depuis l'accident... Il va falloir que je me reprenne!

Ce qui nous avait soudés plus que tout, faisait qu'on était tout l'un pour l'autre, c'est aussi qu'on avait traversé le pire, et que notre seul point fixe, c'était l'autre. L'immuable autre. Alors qu'autour, la vie était très fragile, et on l'a su malheureusement très tôt. Quand on avait huit ans, notre mère est décédée dans un accident de voiture. C'était une très bonne maman, présente et gentille. Avec notre père, qui travaillait comme cuisinier à l'école de cheminots voisine de Longueau, nous sommes partis vivre chez nos grands-parents, disparus depuis, à Berteaucourt-lès-Thennes, histoire de se reconstruire. Ils nous ont élevés du mois de janvier au mois de juin, notre mère étant disparue en novembre, ce qui a impliqué un changement de maison, d'école, et tous les bouleversements que l'on imagine dans la tête de petits qui ont perdu leur mère. Nos grands-parents nous ont gardés toute l'année suivante, du CM2. Notre père nous emmenait au cinéma ou en promenade le week-end. Mais notre mère nous manquait, forcément. L'année de notre cinquième, on a changé de village et d'établissement nous sommes allés vivre avec notre père et une femme qu'il avait rencontrée, avec qui les choses se passaient mal. On a mal vécu cette période, mais on était tous les deux. Mon père a fini par se séparer d'elle, en partie pour cette raison. On a recommencé à vivre chez nos grands-parents, avec un nouveau changement de collège. Il a fini par nous faire bâtir une maison sur le même terrain que les grands-parents, et enfin, on n'a plus bougé de Berteaucourt-lès-Thennes, où Franck habite aujourd'hui, moi tout près. Mon père s'est remarié quand on avait quatorze ans avec Brigitte, une femme qui s'est montrée très bienveillante avec nous. Elle nous a accueillis et s'est occupée de nous comme une vraie mère, avec le cœur. Au moment de la retraite, il y a environ quatre ans, ils sont partis vivre en Bretagne. On les appelle « nos parents », c'est vrai, ce sont nos parents. Le bilan de tout ça, c'est qu'il n'y avait qu'une chose qui ne changeait pas : nous deux.

Et puis en 2010, le destin nous a encore repérés, moi en tout cas, et il a encore resserré notre lien si c'était possible. J'ai eu un cancer. Même si on disait que le mien se guérissait bien, c'est dur, un cancer à vingt-six ans, la chimio, le crâne lisse et tous les poils qui tombent. Pendant un an, Franck a été près de moi. On s'en est sortis. Je veux dire que j'ai guéri. On s'est remis à faire du sport ensemble, des sports de combat au même endroit que du temps de notre mère, à sortir ensemble, à faire des apéros avec nos amis. On venait de commencer nos vies d'homme, des vraies histoires d'amour, un enfant pour moi, et sans doute un bientôt pour Franck.

Et là, face au corps de Franck dans sa chambre ultra-technique, je me disais : « Décidément, on n'a pas de bol.

Jusqu'ici, on a survécu à tout, on était un peu invincibles quand on était ensemble, on le croyait, à force, mais là, on ne va peut-être pas y arriver. » Et derrière l'obsession de son visage qui ne serait plus le mien, c'était cette idée-là qui me hantait : en perdant le signe visible du fait d'être jumeaux, qui avait fait notre force, nous perdions notre force tout court.

Je me souvenais des petits pépins de la vie qui nous avaient différenciés physiquement, imperceptiblement. Franck avait une cicatrice à l'arcade sourcilière, parce que je l'avais envoyé sur une bordure de ciment en chahutant comme on aimait le faire, d'où ses huit points de suture à l'infirmerie du Parc Astérix quand nous étions petits. Moi, j'étais tombé de vélo en quatrième et j'avais gratté une croûte, d'où un petit trou de cicatrice sur le front. Franck avait toujours été plus fin que moi, alors qu'il mangeait beaucoup plus et cherchait à prendre de la masse. On était aussi sportifs l'un que l'autre, mais il avait des avant-bras plus costauds, mieux galbés. Il avait aussi le nez un peu plus fin, et les yeux un peu plus en amande. Moi, ce que j'avais toujours vu à Franck, comme différence principale, c'est qu'il avait un beaucoup plus beau regard que moi. Et puis maintenant, c'était une momie, enrobée d'énormes bandages, et il avait les yeux fermés.

FRANCK

Plongé dans le coma artificiel le 26 septembre pour y rester plus de trois semaines, je pourrais laisser la parole à Eric, mais il n'y a pas de raison ! C'est surtout que je voudrais glisser un petit mot à propos de cette histoire de ressemblance, qui changeait aussi tout pour Clémentine. C'est difficile pour toutes les familles de brûlé de savoir un proche entre la vie et la mort, bien sûr, mais la grande différence pour Clém, c'est qu'elle continuait à vivre avec mon frère sous les yeux. Mon double, et pas seulement à l'hôpital, mais du matin au soir et du soir au matin. Durant des mois, ils allaient vivre ensemble près de moi avec Fanny et souvent Nounours. Clém continuerait donc à se lever, se coucher, manger, être à mon chevet, en face de mon portrait craché. Une épreuve.

Dès que l'accident s'est produit, les questions de vie pratique ont été prises en charge par la direction d'Additek qui s'est montrée irréprochable, sans doute aussi parce que la société avait inventé ce mélange de démoulant, et qu'elle se sentait coupable, forcément, même s'ils ne m'avaient pas exposé consciemment à un risque. Ils ont tout de suite dit à Clémentine qu'ils assumaient toute la logistique et les frais, le temps qu'il le faudrait, pour que mes tout-proches restent près de moi à Paris, mon frère et Clém évidemment, mais aussi Fanny, qui tenait Eric à bout de bras, à qui il fallait ajouter Nounours, notre meilleur copain et second frère. Ils ont d'abord loué pour trois jours, dans l'incertitude et l'ignorance où tout le monde se trouvait encore, un appart-hôtel avec des chambres communicantes. Ensuite, tous quatre sont allés quelques jours dans un autre hôtel, et enfin, Séverine, la comptable qui gérait tout, leur a carrément loué un trois-pièces sur le marché normal, à dix minutes à pied de l'hôpital. Personne n'envisageait encore que cela durerait des mois. Clémentine est longtemps restée incapable de remettre les pieds dans notre maison vide de Berteaucourt-lès-Thennes. Elle a d'abord envoyé sa mère chercher des affaires pour un mois. Elle a mis beaucoup de temps à concevoir d'abandonner mon chevet une heure, et ce ne serait que pour faire un saut à la maison, et forcément accompagnée. Eric et Fanny n'envisageaient pas davantage de me quitter, leur petit Jules confié aux parents de Fanny, et ils procédaient de la même manière. Tous avaient commencé leur vie parisienne en tee-shirt, sans imaginer la finir en doudoune.

Pour moi, le temps n'existait pas, dans le coma comme après durant des mois, ni la météo évidemment ni celui qui passe : une heure pour moi, c'était une vie. Chaque heure, je la jouais. Et dans la douleur ensuite, toute minute me paraîtrait infinie. Clém m'a raconté plus tard combien la vie commune avec Eric et Fanny, tout en la réconfortant, lui faisait mal parfois. Fanny avait Eric, et elle, elle ne m'avait plus. Eric soutenu par Fanny et Fanny par Eric, eux en couple et elle seule, sans sa moitié. Bien sûr, elle se disait que c'était tant mieux pour eux. Clémentine n'est pas quelqu'un d'envieux, et la situation de personne n'était enviable, surtout quand Eric donnerait de sa chair pour me sauver la vie. Mais elle avait eu l'habitude de vivre en miroir. Et le miroir était brisé. Mon frère était son allié et, parfois, le symbole de l'injustice.

« Est-ce que vous avez des enfants ? » C'est la première question que le docteur Ferry a posée à Clémentine. Le sous-entendu, c'était : « Si vous en avez, ils risquent d'être orphelins et si vous n'en avez pas, c'est un bonheur que vous risquez de ne jamais connaître. » Clém était dans le deuxième cas, mais elle n'y voyait pas un réconfort, justement parce qu'on commençait à penser à un futur enfant, chacun dans notre tête. Fanny et Eric avaient cette force, ils avaient Jules. Nous, on commençait juste à vivre. On n'avait qu'un chat, hébergé désormais par les parents de Clém. C'est pas beaucoup, un chat. Et ils préparaient ma compagne à ma mort. Des mois durant, jusqu'à ma sortie de Saint-Louis le 3 mars, elle a vécu la boule au ventre, dans l'angoisse que le téléphone sonne, à juste titre puisque j'ai multiplié les épisodes médicaux inquiétants, comme tout grand brûlé. Il n'y a pas eu une semaine sans mauvaise nouvelle. Les médecins faisaient comprendre à ma famille : « Cette infection est combattue, mais n'oubliez pas, ça reste très grave, la mort attend, tapie tout près de vous. » Clémentine se souvient avoir toujours été rattrapée par cette menace, répétée jour après jour. Il ne faut pas laisser de faux espoirs, comme on dit, et les premières semaines, tout espoir laissé aurait été faux. La seule chose positive, c'est que tout le monde se serrait les coudes, dès le premier jour, père et frère de Clém réunis autour d'elle, Nounours, Fanny, Eric, tous accablés quand leur tour est venu de me voir.

ERIC

Le mardi après-midi, on s'est relayés entre la chambre, la cafétéria et le parking, d'où j'ai commencé à téléphoner aux amis parce que, tout en me répétant que mon frère ne pouvait pas partir, je commençais à entrevoir à quel point les gens m'en voudraient si je devais les appeler bientôt sans préavis en leur annonçant la mort de Franck. Je dis ça, et en même temps, je n'arrivais pas à penser sa mort possible. Sur la route, j'avais déjà appelé Matt, un de nos copains d'enfance, chargé de prévenir Maxence, autre très bon copain connu au judo et parti vivre à Prague, chez qui j'avais rencontré Clém pour la première fois. Ils avaient la consigne de ne surtout pas le dire à François et Hélène. Mais j'ai bien dû me résoudre à appeler François, ne serait-ce que pour prendre des nouvelles du bébé, sans quoi il allait de toute façon s'étonner de mon silence. Sa voix, à lui, était inquiète. La petite n'était pas encore née et Hélène était hospitalisée à cause de complications. Je l'ai écouté en bredouillant trois mots réconfortants, mais il a dû me trouver peu crédible et mon manque d'entrain pas habituel parce qu'il m'a interrogé : « Ça va, toi ? Ça n'a pas l'air… » Alors j'ai craqué. Je lui ai dit.

Je me souviendrai toujours, à en avoir mal encore aujourd'hui, du cri qu'il a poussé, qui résonnait dans la pièce où il se trouvait : « Non, pas Franck ! Pas lui ! C'est pas possible ! » La petite Romane est née dans la nuit. Le lendemain, François a laissé mère et fille à l'hôpital pour venir voir Franck, pris entre le meilleur et le pire en vingt-quatre heures. J'ai aussi appelé Manu, mon responsable chez Unither, à qui j'ai expliqué à quel point c'était grave. Il m'a répondu : « Je sais, il y a un article dans le journal. Courage, Eric. Tiens-moi au courant. »

J'ai ensuite appelé nos parents, à qui j'ai bien dû annoncer que la vie de Franck était en jeu, alors que jusque-là, j'étais resté dans le flou. Je ne sais plus quel jour ils sont venus, mais je me suis écroulé dans les bras de Brigitte, ma belle-mère, dès que je l'ai aperçue dans le hall de Saint-Louis où nous avions rendez-vous, en face de la cafétéria. En larmes elle aussi, elle me répétait : « Ça va aller… Ça va aller… » C'était avant de le voir…

Fanny est restée marquée par l'air hagard de mon père sorti de la chambre de Franck, quand il est allé récupérer ses affaires dans son casier de la salle d'attente. Il est passé devant Clém et Nounours sans les voir, le regard dans le vide. Il vacillait. Il en a oublié son téléphone dans le casier. Quand les filles l'ont alerté, il a semblé tomber des nues et s'est éloigné sans un mot d'un pas de somnambule. Plus tard, ils viendraient chaque vendredi, faisant leurs six heures de train depuis la Bretagne. Ils dormiraient parfois chez les parents de Clém, qui vivaient les bras ouverts, réunis par le malheur.

Les trois ou quatre premiers jours, nous avons vécu comme des zombies entre l'appart-hôtel et la chambre 11. On mangeait un bout quand on rentrait sur le coup de minuit, parce que ça se fait. On dormait avec des somnifères qui ne suffisaient pas. Toutes nos nuits étaient hachées de larmes Je me réveillais dix fois, Fanny aussi, Clém et Nounours pareil. Je me souviens du premier matin, quand on s'est réveillés tous les quatre dans cet endroit, le Citizen Hôtel, à Paris, dans une autre vie. Les yeux bouffis et la tête à l'envers. Comme il fallait bien tuer le temps avant l'heure de début des visites, on est allés prendre le soleil pas loin, dans un joli parc près du canal Saint-Martin. On ne parlait pas. On était comme des robots, anesthésiés, et puis, de temps en temps, il y en avait un qui s'écroulait en larmes. J'ai vu Nounours pleurer pour la première fois. Fanny l'a enlacé pour le réconforter. Clémentine s'est levée d'un coup pour aller pleurer à son tour, cachée dans un coin. Nous avions besoin d'être ensemble, comme parfois d'être seuls, par pudeur. Pendant plusieurs jours, chacun était dans sa bulle, avec ses souvenirs qu'il valait mieux ne pas partager.

C'est ce premier jour au parc que Clémentine nous a toutefois raconté une anecdote de notre enfance que Franck lui avait rapportée et qui nous suivrait durant toute son hospitalisation et sa convalescence. Notre grand-père avait toujours dans sa poche un marron auquel il attribuait des vertus porte-bonheur. C'est vrai, je l'avais oublié. Elle y avait pensé parce que nous étions entourés de marronniers. Alors naturellement, nous en avons tous ramassé un que nous garderions précieusement dans notre poche ou notre sac, et nous ramasserions tous les marrons qui tombaient, pour en mettre un sur la table de chevet de Franck, chez nous, à l'hôtel, sur les bureaux. On en donnait aux tout-proches pour qu'ils adoptent le code. On les a gardés tout le temps de l'hospitalisation à Saint-Louis, puis au Centre de réadaptation de Coubert, deux lieux pleins de marronniers où l'on voulait voir un signe. Un jour, à Saint-Louis, alors que nous étions sur un banc des allées, il nous a littéralement plu des marrons sur la tête. Nous n'avons jamais pu nous résoudre à les jeter. On n'a fait que les ranger.

Tout nous semblait bon pour aider Franck, même ce en quoi on ne croyait pas au départ. À ceux qui nous ont proposé de faire des opérations de magnétisme à distance pour « couper le feu », on a dit oui. On n'avait rien à perdre.

Ce qui était dur pour Fanny et Nounours, c'est que Clém et moi, l'équipe médicale nous convoquait. Nous étions des interlocuteurs, recevant tous les deux les infos en direct, même si les infos pour le moment, c'était qu'ils allaient bricoler une petite autogreffe pour recouvrir quelques centimètres carrés de sa cuisse. Autant dire rien quand tout le corps est à nu. Au bout de trois jours, le docteur Ferry pouvait nous annoncer que les organes n'étaient pas brûlés, du moins pas encore, parce que le pire pouvait venir si les brûlures creusaient. Il avait fait une pneumonie de réaction, classique paraît-il, et le respirateur remplaçait ses poumons à 100 %. Fanny m'a confié après qu'elle avait parfois souffert de se sentir un peu mise à l'écart, maintenue à la porte des rendez-vous médicaux. Elle prenait tous les coups durs en différé, et comme je ne les digérais pas, je la délaissais. Dans ma tête, j'étais tout seul avec mon frère. Rien ne comptait que Franck.

Tous les jours, on répétait machinalement les mêmes gestes, se lever, entendre le lourd silence, se forcer à avaler un truc, aller à Saint-Louis de treize heures à vingt-trois heures, se déguiser deux par deux, à tour de rôle, en cosmonautes dans le sas pressurisé, et s'installer près de Franck dans l'étuve, avec les yeux qui piquent à force de pleurer et de ne pas dormir. Sur le côté droit de la très grande chambre, on voyait par des fenêtres hermétiques les bâtiments historiques de l'hôpital Saint-Louis « normal », sur le côté gauche, on voyait par les baies vitrées le personnel passer. Le lit était à peu près au milieu, avec un tas de machines et de matériel autour. Quand on empruntait le couloir, on longeait les chambres des quinze autres patients que l'on apercevait dans leur lit. La plupart étaient dans un état qui ne permettait aucun optimisme sur notre propre cas, certains très pansés et en urgence vitale comme Franck, d'autres atrocement défigurés. Nous ne savions pas nous-mêmes comment était Franck sous ses bandages. Tous étaient moins gravement brûlés pourtant, parce que 95 %, ce n'est pas donné à tout le monde. 95 % et vivant, s'entend. Morts, on en trouve. L'équipe médicale ne nous disait pas autre chose. Ils n'ont jamais cherché à nous rassurer, ç'aurait été nous mentir.

Depuis la chambre de Franck, dans le couloir, ou depuis la salle d'attente en attendant mon tour, je commençais à me familiariser à quelques visages de l'équipe soignante. Je glissais facilement à qui m'adressait la parole : « C'est dur… C'est mon frère, vous comprenez… » Mais je n'ai pas prononcé le mot

« jumeau » avant le mercredi. Il s'était écoulé moins de vingt-quatre heures depuis que nous étions arrivés à Saint-Louis et commencions à prendre conscience de l'ampleur du drame. Vingt-quatre heures pendant lesquelles je m'appliquais à collecter et analyser les informations médicales, complétées par mes petites incursions sur Internet, section santé, où j'étais passé expert bien malgré moi au moment de mon cancer. Sans être devenu hypocondriaque, je savais qu'on y trouvait toutes les explications dont on pouvait avoir besoin, et que, contrairement à ce que l'on dit, si on ne lit pas en faisant de la parano mais avec un peu d'intelligence, les sites spécialisés sont précieux. En l'occurrence, je pouvais commencer à apprivoiser l'idée que Franck était dans le cas le pire, 5 % de peau saine… Mais apprivoiser, ce n'était pas accepter. Je me suis naturellement dit : « Mais puisqu'il lui faudrait de la peau, pourquoi je ne pourrais pas donner la mienne ? Je suis son frère, un frère peut bien donner un rein, alors ? » Je pensais à ça quand j'ai sonné à la porte du CTB ce mercredi à treize heures en annonçant : « Eric, pour Franck. » Le début d'une routine. On finirait par ne même plus avoir besoin de dire pour qui. Nos prénoms tout court suffiraient, au bout de cinq mois. On ferait partie de la famille. Je me suis retrouvé dans le premier sas, celui de l'entrée générale du CTB où l'on se désinfecte les mains, en même temps que le docteur Benyamina.

Je lui ai lancé : « Puisqu'on ne peut pas greffer la peau de quelqu'un d'autre à cause de problèmes de compatibilité, pourquoi pas celle de quelqu'un de la famille ? Parce que je suis son frère, quand même… Je suis prêt à donner tous les organes dont il aura besoin. Tout de suite. Sachez-le ! » Que j'étais son frère, tout le monde commençait à le savoir ! Mais il m'a répondu que pour la peau, c'était impossible. Il m'a expliqué patiemment les choses, comme il le ferait toujours. On peut donner son rein, parce que l'on peut administrer un médicament antirejet au receveur, mais c'est impossible sur le grand brûlé, or la peau est d'une composition strictement personnelle, il me l'a répété. J'ai accusé le coup. La conversation aurait dû être finie. Mais je suis revenu à la charge, mû par l'instinct, par le refus, par la rage. Je ne sais pas ce qui m'est passé par la tête, certainement pas que je changeais la face du destin en tout cas. J'ai sorti, dépité : « Mais je suis son jumeau, quand même ! »

Le docteur Benyamina m'a regardé sans sembler avoir encaissé le choc du siècle, mais droit dans les yeux : « Vrai jumeau ? » J'ai répondu oui. « Homozygote ? », il a insisté, histoire de voir si j'avais bien compris. J'ai répondu oui. Il est resté parfaitement impassible, et il est parti vers son travail et moi dans la chambre de Franck. Ni Fanny qui m'accompagnait, ni moi, on n'a perçu quoi que ce soit. Pourtant, du fait qu'il m'ait fait préciser « homozygote », quand je me suis changé à côté de Clémentine dans le sas qui menait à la chambre de Franck, je lui ai soufflé : « Si ça se trouve, c'est possible… » Un anesthésiste qui se trouvait là en même temps a attrapé ma phrase au vol, pour la casser : « T'en es sûr, au moins, que t'es son jumeau ? Son vrai jumeau ? » Je me souviens à quel point j'ai été vexé par cette remarque, qui m'a piqué dans ma fierté d'être le vrai jumeau de Franck ! Je le savais, quand même, qu'on avait été dans le même œuf ! Je lui ai rétorqué : « Bah, oui, je suis sûr ! » Évidemment, on n'avait jamais fait le test, mais enfin, nos parents nous avaient raconté la grossesse, et on se ressemblait assez pour que le doute ne soit pas permis. Clémentine m'a regardé en haussant les épaules. Et puis la réalité nous a rattrapés, l'état de Franck.

Assis à son chevet, j'étais à mille lieues d'imaginer ce qui se passait en coulisses. J'étais dans le même état que la veille, accablé, en sanglots de temps en temps, comme Clémentine. Les opérations de rafistolage devaient commencer. On apprendrait plus tard qu'on lui avait déjà fait, lors de sa prise en charge, les « incisions de décharge », des incisions qui permettent aux œdèmes qui se forment sous la peau brûlée de ne pas étouffer les nerfs, les muscles et les tendons. Mais nous ignorions le menu des interventions complexes, et de toute façon pas salvatrices, qui allaient suivre. Nous savions juste qu'au seul niveau de la peau, Franck avait sept jours devant lui pour rester en vie avec sa peau brûlée, comme « à nu » sous ses bandages. Au plus. On vivait dans un temps qui était une sorte de décompte avant le moment où il serait trop tard. Et on ne pouvait rien faire.

Deux heures après, peut-être même bien moins, vu que nous n'avions aucune idée du temps, le docteur Malka, l'un des chirurgiens-greffeurs du CTB, est venu me chercher : « Le professeur Mimoun voudrait vous voir tous les deux, en rapport avec le fait, monsieur, que vous seriez le vrai jumeau de Franck. »

Avec Clémentine, on s'est regardés sans comprendre. Le professeur Mimoun, on avait conscience que c'était quelqu'un, pas au point de connaître sa notoriété mais son nom figurait sur la pancarte devant laquelle on passait en arrivant à Saint-Louis : « Centre de traitement des brûlés – Service du professeur Mimoun ». On savait qu'on ne le voyait pas comme ça, sans raison. Nous avons suivi le docteur Malka, très impressionnés, mais sans hypothèse. De l'espoir, je crois qu'à ce stade, nous n'étions plus en mesure d'en avoir.

Le bureau du professeur se trouve au rez-de-chaussée du CTB, le niveau des consultations, une organisation savamment étudiée pour que tous les chirurgiens soient disponibles pour monter sur une urgence, même quand ils sont en train de recevoir des patients « normaux ».

Nous avons traversé la grande salle d'attente bondée, grillant la priorité à un tas de gens qui attendaient. Nous allions comprendre l'urgence, vivre comme le professeur Mimoun, l'œil sur la montre.

Je me souviendrai toute ma vie de la première fois où je me suis retrouvé assis face au professeur, dans son bureau couvert de grands tableaux, que j'ai pris pour de l'art abstrait et qui sont en réalité des photos en gros plan, très belles… de greffes hyperzoomées ! On apprendrait à connaître cet homme passionné. Il exerce son métier comme un art, et il le tient pour tel, jusque sur les murs. Il est au service du CTB du petit matin à minuit, sans parler des urgences nocturnes, ce qui explique ce regard sombre et fatigué que je lui ai tout de suite trouvé, j'ai mieux compris après pourquoi. Il s'est levé pour nous serrer la main, à Clémentine et moi, introduits par le docteur Malka. Nous étions fortement impressionnés. Le professeur est un homme très grand avec beaucoup de prestance. Il portait un beau costume, pas une blouse blanche. Il nous a accueillis avec un sourire imperceptible, nous accueillant sur un ton posé : « C'est donc vous, le vrai jumeau de Franck… » Évidemment, vu l'état dans lequel était arrivé mon frère, personne n'avait eu l'occasion de juger de notre ressemblance. C'est un homme qui parle peu, mais dont la parole porte loin. J'ai immédiatement eu confiance en lui, parce qu'il était d'une sérénité incroyable, et je sentais sa bienveillance entre ses mots. Quelque chose de plus que du professionnalisme ou du talent, de l'humanité.

C'est le docteur Malka qui a commencé, en exposant la situation de base : un vrai jumeau a une peau strictement identique à celle de son jumeau. Strictement. En tous points. Il n'y a aucune incompatibilité. Besoin d'aucun médicament. Il n'y a pas de rejet. Le professeur, silencieux, nous regardait, sans joie apparente, parce qu'il n'y a aucune raison d'être euphorique face à un danger vital immédiat quand on va tenter une Première mondiale, sans doute ! Il arborait une mine grave. Concentrée. L'une des premières phrases avec lesquelles le professeur a poursuivi, c'est un très calme : « Pour moi, c'est possible de le faire… »

Je ne peux pas dire ce qui s'est passé en moi, j'ai ressenti un immense bouleversement, pas une joie, mais comme une pression d'urgence. Tout mon être était tendu vers le passage à l'action, tout de suite. Mais le professeur continuait sur un ton pénétré. J'enregistrais tout ce qu'il me disait, regardant souvent vers le sol pour reprendre mon souffle et rester concentré moi aussi. L'image de ses chaussures est restée gravée dans ma tête. Il continuait avec des « mais… »

Il m'a dit successivement, je ne sais plus dans quel ordre :

– J'ai besoin d'être sûr de votre motivation pour faire ce don de peau, que les choses soient bien comprises.

Peut-être que votre don ne sauvera pas la vie de votre frère, il faut que vous en soyez conscient.

– Ce que je veux, c'est essayer ! Je ne pourrais pas survivre un instant en me disant que je n'ai pas tout tenté pour sauver mon frère. Ce serait sa mort sur ma conscience !

– C'est tout ce que je veux entendre. Vous êtes liés comment, avec votre frère ?

– À la vie, à la mort, il est tout pour moi. Des épreuves nous ont soudés. On a tout traversé ensemble, des drames, des galères familiales (*je n'ai pas détaillé*), mon cancer. Je vais très bien. Il est complètement guéri.

– Bien, nous demanderons votre dossier. Si nous vous prélevons, vous risquez de vivre un moment très désagréable, même s'il n'est pas question que vous souffriez. Vous pourrez demander des sédatifs à proportion de votre douleur.

– D'accord.

– Ensuite, vous aurez des marques, il ne faut pas se leurrer. Comme des gros coups de soleil sur la peau. Même si la couche prélevée est très fine, je la prendrai la plus fine possible.

– Des grosses marques ? On cicatrise en combien de temps ?

– Tout dépend des gens, de leur capacité de cicatrisation, c'est très variable selon les individus.

– Je cicatrise très bien. Du moins habituellement… quand j'ai des égratignures.

– Pendant trois semaines après le prélèvement, vous serez hospitalisé pour les pansements. Ensuite, vous pourrez reprendre une vie normale, en portant bien des vêtements compressifs et des crèmes grasses spéciales. Mais pendant un an et demi-deux ans, pas de soleil.

– Aucune importance. On prélève à quel endroit ?

– On s'applique à prélever sur des zones peu visibles. Mais n'oubliez pas, les marques resteront à vie, et peut-être que vous n'aurez pas sauvé votre frère…

– J'ai compris… C'est rien à côté de l'enjeu. On prélève où ?

– On pourrait commencer par le cuir chevelu, une cuisse… Juste pour voir comment le corps de votre frère réagit. La compatibilité est une chose, le choc d'une greffe une autre.

– OK, ce serait quand ?

– Aussi vite que possible. Mais il faut d'abord vérifier, même si je ne mets pas votre parole en doute, que vous êtes bien le vrai jumeau de Franck, avec un test ADN. Ensuite, j'ai autre chose à vous dire…

– Oui ?

– Ça ne s'est jamais fait en France…

– C'est pas grave… Ça nous oblige à réussir.

– Je dois aussi avoir le plein assentiment de mon équipe. Le cas de Franck est lourd… L'intervention n'a jamais été faite… Sachez que je ferai tout pour la convaincre.

– J'ai confiance.

– Il faut que l'adhésion soit rapide, nous disposons de peu de temps, et tout ne relève pas de nous. Il va falloir que vous passiez devant le conseil de l'Agence de la biomédecine.

– C'est-à-dire ?

– C'est une instance indépendante qui va juger de votre motivation, voir si vous êtes capable psychologiquement d'encaisser l'intervention, si ce don est bien volontaire, sans pression aucune, si éthiquement c'est recevable, si vous avez bien compris toutes les données… Le risque. Celui que votre frère meure et que vous souffriez, un peu quand même, pour rien, en en gardant des séquelles.

– J'ai compris.

– Il faudra aussi l'autorisation du procureur de la République.

– Ah oui, pourquoi ?

– Parce qu'il est porté atteinte à l'intégrité de votre corps. Et par nous. Jamais un tel cas ne lui a été soumis. C'est aussi une première.

– D'accord, j'espère qu'il comprendra.

– Est-ce que vous avez encore des questions ? Jusqu'au bout, vous pourrez poser des questions. Toutes les questions que vous voulez.

– Je n'hésiterai pas. Merci… Ça fait beaucoup de

choses à assimiler… Mais je suis sûr de ma décision. Vous et moi, on a le même but. Sauver Franck. Si on est tous motivés, on est obligés de réussir.

Je ne sais plus si j'ai eu encore des questions cette fois-là, ni l'ordre du dialogue, parce que le bouleversement m'a fait beaucoup oublier, mais on s'est parlé et reparlé les jours suivants, dès qu'on se croisait ou dans son bureau. Je garde surtout en mémoire des détails, ses chaussures, ses bibelots, notamment sa collection de poissons, ses tableaux, mais aussi le fait que le professeur posait souvent les branches de ses lunettes sur sa bouche, quand il m'écoutait, super-concentré, avant de les remettre sur sa tête. Je sais qu'à un moment, le docteur Malka est sorti, peut-être Clémentine aussi pour nous laisser en tête à tête. Je n'en ai plus le souvenir précis. J'étais complètement sonné. Le professeur a terminé avec les modalités pratiques, des rendez vous en série auxquels il faudrait que je me plie parce qu'on jouait la montre. J'ai dit oui à tout. Je n'avais pas peur. De rien. Sinon d'un obstacle à mon geste.

Une part de moi était toute seule dans cette aventure. Ni Fanny, ni Clém, ni Nounours, ne pouvaient partager les pensées qui m'habitaient. J'étais hypermotivé, pas anxieux un instant, super-pressé de passer à l'acte, et en même temps dans le flou sur le déroulement des choses.

On ne peut se faire aucune idée de ce que ce sera de se faire prélever la peau. Ce n'est pas comme l'appendicite, ou même le prélèvement de rein. Ce qui est terrible, avec une première médicale, c'est que le seul contexte vous prive des informations santé d'Internet ! Aucun précédent ne pouvait s'y trouver décrit. C'est après seulement qu'on a su que c'était une première médicale mondiale et pas seulement française, comme il nous l'avait dit. Il y avait bien eu un prélèvement de peau sur un jumeau aux États-Unis, mais son frère était brûlé à 65 %, autrement dit rien à voir, et je ne sais même pas s'il a survécu. À travers le monde, aucun témoignage de personne. Aucun conseil de médecin à prendre. Aucune idée de rien. Personne ne s'est étonné de ma détermination dans mon entourage, encore moins n'a essayé de me dissuader.

Dès cet après-midi, et plus encore le soir venu à la maison, Clémentine me regardait comme le sauveur en puissance de l'homme de sa vie, les yeux éperdus d'espoir et de reconnaissance. Fanny avait si bien compris le lien qui m'unissait à Franck qu'elle était prête à m'accompagner où que j'aille, même dans la souffrance, sur le chemin pour sauver mon frère. Nounours n'avait pas de mots pour m'encourager à donner une chance de vivre à son meilleur copain. Pendant les jours qui suivraient, tous les yeux seraient braqués sur moi, toutes les pensées tournées vers moi, et je sentirais le poids de la responsabilité sur mes épaules. Mais je n'étais pas tendu. Jamais.

J'étais habité d'une mentalité de combattant, qui restait concentré sur sa cible : passer tous les examens avec succès. Les biologiques, avec la vérification ADN, ne m'inquiétaient pas, mais ceux du conseil de l'Agence de la biomédecine, si. Je sentais bien ce collège d'experts annoncé comme ce qu'il était, un tribunal de la vie et de la mort. Il y avait aussi l'avis du procureur qui se prononçait, lui, sur dossier uniquement. Dans mon esprit, je n'avais pas fait un choix. Un choix, c'est quand on peut faire autrement. J'avais juste choisi l'évidence. La seule voie possible. Je ne pouvais pas envisager que quelqu'un me mette des bâtons dans les roues. De quel droit ? C'était MON frère, et c'était MA peau.

FRANCK

Heureusement que je n'avais pas idée, depuis mon coma, de ce qu'Eric s'apprêtait à faire pour moi. Je ne sais pas ce que j'en aurais pensé. Je crois que l'idée qu'il souffre à cause de moi m'aurait été intolérable. Que je le fasse moi, oui, mais l'inverse, non… Je ne voudrais pas jouer les héros. Si l'on m'avait dit que c'était le prix de ma vie, moi j'aime la vie, alors oui, j'aurais accepté, sûrement, mais il aurait fallu que mon frère argumente sacrément bien, qu'il me convainque moi-même. J'aurais été malade des séquelles auxquelles il s'exposait et dont on ne pouvait pas savoir l'ampleur. Malade. C'était une chance, en un sens, que je ne sois pas conscient. Mon coma m'a au moins permis d'échapper au dilemme, à la souffrance que la décision d'Eric aurait représentée pour moi.

On nous a raconté bien après ce qui s'était passé en coulisses, qu'Eric a longtemps ignoré comme moi, la mise en place de la chaîne médicale, à commencer par la propagation de la nouvelle. Dès que le docteur Benyamina avait appris de la bouche de mon frère qu'il était mon vrai jumeau, il s'était précipité dans le bureau du professeur Mimoun. Lui non plus n'avait pas eu besoin de solliciter un rendez-vous, tellement il avait conscience de détenir une donnée ahurissante, qui changeait tout. Il avait d'abord demandé à voir Eric, sans s'emballer, en présence du professeur Malka, qui serait l'un des trois chirurgiens de la greffe, avec lui et le professeur Marc Chaouat. Quand le professeur a été bien convaincu de la détermination d'Eric, il paraît que la nouvelle s'est répandue comme une traînée de poudre. Tout le service a été convoqué. L'humeur générale à mon sujet est passée de sombre et pessimiste à combative et pleine d'espoir, du moins chez la plupart. Enfin, il y avait une piste. Même si elle était folle. Clémentine se souvient d'un élément dont Eric a minimisé l'importance le jour de leur première rencontre avec le professeur, parce qu'il était surtout concentré sur son don à venir, c'est que le professeur n'avait pas caché que l'adhésion de tous n'allait pas de soi. Ce qu'il voulait tenter était interdit en France officiellement, parce que cela revient à une mutilation d'un bien-portant. En dehors de l'avis de l'Agence de la biomédecine et du procureur, au sein même de son équipe, des membres pouvaient y être opposés, soit pour cette raison, soit parce que cela n'avait jamais été fait.

Le professeur Mimoun, on l'a connu après, ce n'est pas quelqu'un qui renonce. Pour lui, tant qu'il y a de la vie, il y a de l'espoir. La vie passe avant tout le reste. Qu'une telle greffe n'ait jamais été tentée dans le monde dans un contexte aussi grave, il s'en fichait complètement. Tout savant qu'il est, ce n'est pas un homme de la théorie, mais un homme de la pratique, du concret. S'il a une chance, il la tente. Et puis, il s'attache aux gens. Très vite, il nous a tutoyés, moi dès mon réveil du coma et il n'avait pas tort puisque j'étais un peu son « bébé », à qui il redonnait la vie, et Eric, dans les jours qui ont suivi son prélèvement de peau. Il avait l'âge d'être notre père. Et en se battant pour que je vive, il allait vraiment devenir mon deuxième père.

ERIC

Le jeudi matin quand je me suis levé, c'était pour aller à ma prise de sang à Saint-Louis, le début du parcours. Je ne me suis pas regardé de la même façon dans la glace. Je n'étais plus une victime, un vaincu. J'étais un guerrier. Chaque matin jusqu'à l'intervention, le temps de passer toutes les étapes, je me suis levé dans cet état d'esprit : je repartais au combat. Il me venait l'idée que, dans tout ce que nous avions traversé avec mon frère, on pouvait voir un acharnement du destin, mais aussi qu'à chaque fois sur le chemin, une bonne étoile avait fini par nous guider et nous sauver. La preuve, nous étions encore là. Alors peut-être, la première mondiale pouvait réussir. Et nous, vivre.

J'avais rendez-vous à neuf heures dans le hall de l'hôpital Saint-Louis, en face du CTB. À chaque rendez-vous, j'ai été très à l'heure, je veux dire un peu en avance! On m'a accompagné pour ma prise de sang, le test ADN de gémellité, fait dans la salle de réveil où les résultats seraient les plus rapides. Ensuite, on m'a emmené dans une pièce où l'on m'a pesé, pris la tension, fait l'électrocardiogramme, soumis à un questionnaire et à tout le bilan préopératoire classique. Concernant mon cancer, dont le professeur Mimoun m'avait dit qu'en gros, ce n'était pas un obstacle, ils avaient quand même appelé l'hôpital Foch où j'avais été soigné pour récupérer tout mon historique. Ce jour-là comme le lendemain, j'aurais rendez-vous avec des tas de médecins, anesthésistes et chirurgiens qui m'exposeraient les modalités pratiques, quand bien même on ne savait pas encore si tous les feux seraient au vert. Il fallait faire vite, que tout soit prêt médicalement en amont si c'était oui. Notre greffe, c'était du jamais vu en France, et tout se déroulait pourtant avec un enchaînement parfait, dans l'ordre, sans précipitation ni cafouillage. On aurait dit qu'ils avaient fait ça toute leur vie. Je devais être à la hauteur. Ma coach, c'était Fanny, toujours présente quand c'était possible à mes rendez-vous, dans le soutien permanent. Elle s'inquiétait sûrement, notamment au sujet des séquelles, mais elle ne me faisait rien sentir. À ses yeux non plus, il n'y avait pas de choix à proprement parler. Clémentine n'était jamais loin de moi, Nounours non plus. Moi hospitalisé, c'est lui qui resterait seul debout pour épauler les filles.

Le jeudi, j'étais avec Clémentine quand le professeur Chaouat m'a précisé au passage que Franck et moi étions bien des jumeaux homozygotes. Je n'en avais pas douté. Il m'a parlé plus précisément des zones prélevées, comme à sa suite le docteur Malka, que j'ai vu avec Fanny. Ils nous ont exposé le déroulé des opérations, si aucun obstacle légal ne venait se dresser. Ils allaient commencer par me prélever le cuir chevelu et toute la cuisse gauche. Ensuite viendraient mon autre cuisse et le dos. On commençait par le cuir chevelu parce que c'est l'une des zones les moins douloureuses au prélèvement, ce que je confirme, et la peau très vascularisée y repousse très vite, ce que je confirme aussi. J'ai demandé : « On ne peut pas prélever plus tout de suite ? » J'aurais voulu qu'on me prenne tout, qu'on en finisse au plus tôt avec l'affreux suspense du risque vital, du moins sur le plan cutané. Le docteur Malka m'a expliqué : « On doit d'abord voir comment réagit votre frère. Une greffe est un grand choc, on ne peut pas en faire de grandes surfaces en même temps. Il faut voir comment Franck absorbe votre peau. Le prélèvement aussi est un grand choc. Pour vous. Il faut voir comment vous réagissez. On prélèvera à nouveau si tout se passe bien. » Ils allaient mettre ma peau en filet, évidemment, le fameux bas résille qui permet de maximiser le don. J'ai aussi vu le professeur Legrand, un jeune anesthésiste-réanimateur pourtant déjà professeur, qui lui m'interrogeait surtout sur l'aspect moral, mon droit à reculer, à ne pas me sentir obligé.

À ce stade, le service avait donc adhéré au projet, ce qu'on ne m'a jamais précisé, ou bien je l'ai oublié. Je préfère ne pas imaginer comment aurait réagi le professeur Mimoun si on avait émis un doute sur l'opportunité de sauver une vie ! Même si les chances restaient infimes, à cause des fragilités de Franck, respiratoires, cardiaques, organiques. Mais il restait l'échéance de l'Agence de la biomédecine que j'appréhendais tellement, le vendredi à quinze heures.

Le vendredi, comme tous les jours à treize heures, je suis allé voir Franck à l'hôpital, après une nouvelle rencontre avec le professeur Mimoun que j'avais déjà revu plusieurs fois. Il me répétait que rien ne garantissait qu'on sauverait la vie de mon frère. On augmentait juste les chances. Je répétais que j'avais bien compris. Il soulevait toutes les questions possibles, comme un entraînement à l'examen de l'Agence de la biomédecine, même si c'était pour lui aussi une première. On ne pouvait pas savoir comment les experts travaillaient, qui ils étaient, sur quoi ils se focalisaient, puisque le cas ne s'était jamais présenté. Moi, j'étais très clair dans ma tête, très carré. Mais eux, ils attendaient quoi, de moi ? J'allais être sincère, je ne pouvais pas faire mieux.

Au chevet de Franck, j'ai regardé une dernière fois sa tête couverte de pansements, qu'on venait en plus de lui attacher par un morceau de bandage à un barreau sur le côté du lit. Naturellement, même dans le coma, le visage se tourne vers la lumière naturelle, comme les végétaux, et il fallait qu'il se tienne bien symétrique. C'était plus dur que jamais de ne pas pouvoir lui parler. C'était la première fois que j'affrontais une épreuve tout seul et elle nous était pourtant on ne peut plus commune.

Plus commune, c'était difficile. Je lui ai quand même annoncé : « J'y vais… À tout à l'heure, tiens bon ! »

C'est le Papou qui m'a emmené en voiture à l'Agence de la biomédecine, qui se trouvait à Malakoff, en proche banlieue Sud. Le Papou, un homme que je ne connaissais pas encore cinq jours plus tôt et avec qui je vivais le moment le plus important de ma vie ! Pour y aller, on a mis un temps fou, environ trois quarts d'heure. Sur mes genoux, je regardais mes notes, écrites sur mon smartphone au fil des jours précédents. J'étais stressé. Je me disais : « Mon pote, va falloir te vendre ! » Vendre ma peau. C'était comme un entretien d'embauche, en pire, sans commune mesure. Je ne cherchais pas un boulot. Je voulais sauver la vie de mon frère !

Dans la salle d'attente, je bouillais. Intérieurement seulement. Parce que je savais qu'il faudrait que je garde mon calme, que je sois juste et précis, que je ne réponde pas à côté. Je continuais à potasser. Je lisais les affiches au mur : « Donnez à vos proches ! », « Parlez-en autour de vous », « Le don de rein à un proche peut sauver sa vie », etc. J'enregistrais les phrases en me les répétant à haute voix, en trouvant que ma présence en devenait surréaliste. Comment ils pouvaient refuser mon don en affichant un discours pareil ?

Le Papou s'appliquait à me rassurer, malgré son propre stress, et je m'appuyais sur lui, nous répétant l'un à l'autre qu'ils ne pouvaient pas dire non, ce qui tuait le temps et me boostait en même temps.

J'ai attendu longtemps. Ou le temps m'a semblé long. Les experts arrivaient un à un, au compte-gouttes. Ils étaient quatre, deux hommes et deux femmes, pas tout jeunes, sans doute parce que pour prendre une décision pareille, il faut en avoir beaucoup vu et avoir un peu vécu. Ils se sont mis tranquillement en place dans une grande salle, qui comportait au milieu une grande table. Ils se sont assis autour, moi face à eux tous quand ils m'ont fait entrer, avec deux membres supplémentaires qui parlaient dans des haut-parleurs car la séance était aussi en audio-transmission. Tous ont décliné leur identité, leurs noms et leurs titres, un psy, au moins un anesthésiste, notamment l'un de ceux qui étaient au téléphone, un chirurgien, et les autres étaient tous médecins ou anciens médecins. J'écoutais l'un, l'autre, la voix qui sortait des enceintes. C'était une scène incroyable, je ne peux pas dire « telle qu'on en voit dans les films », puisqu'on ne l'a jamais vue dans un film. La réalité dépassait de beaucoup la fiction. C'était une scène impossible à inventer.

Là encore, l'ordre des questions m'a échappé.

Ils m'ont demandé mes motivations. J'ai expliqué ce que représentait pour moi un frère jumeau. J'ai expliqué que nous étions inséparables, et dit ce qu'on avait traversé, le décès de notre mère, mon cancer, notre vie si complice, je n'ai rien caché. J'ai expliqué que ce qui me semblait fou, ce n'était pas tellement de donner ma peau, mais d'être obligé de me justifier sur ma motivation à le faire. Que ce qui me perturbait, c'était cette impression d'avoir à me vendre. Le tout dit gentiment. Je ne les sentais pas un instant décidés ou acquis à ma cause, mais leur ton était toujours bienveillant, avec une attention extrême à tout ce que je disais. Certains prenaient des notes. Ils m'ont dit que leur crainte, c'était que je leur en veuille, à eux, à l'hôpital, à je ne sais qui. J'ai dit que je leur en voudrais surtout s'ils me disaient non. À eux et puis aussi à moi, parce que j'aurais raté mon « examen » et laissé mourir mon frère. Ils m'ont mis en garde sur la douleur que le prélèvement m'infligerait. Je leur ai répondu que la pire douleur, c'était ce que je vivais depuis presque cinq jours, ce temps insupportable perdu à ne rien faire, à part m'asseoir dans la chambre de Franck et pleurer. Ils m'ont demandé comment on m'avait proposé le don de peau, et j'ai expliqué que personne ne me l'avait proposé mais que j'en avais eu l'idée tout seul, et que c'est moi qui en avais parlé le premier au docteur Benyamina. Ils m'ont demandé si je n'aurais pas de regrets si j'avais des séquelles. Je leur ai répondu que j'en aurais surtout si je ne pouvais même pas essayer de sauver mon frère. Ils m'ont demandé si je ne regretterais pas si Franck mourait malgré mon don. J'ai dit que non. Pour la même raison : le poids de sa mort qui pèserait toute ma vie sur ma conscience, et s'il y avait une chance sur mille de le sauver, je voulais la tenter. Comment ma famille me soutiendrait, notamment ma compagne? J'ai répondu que Fanny était à fond derrière moi, et qu'elle était solide, pas parce qu'elle était psy mais parce qu'elle était avant tout lucide : c'était la seule façon de tenter de sauver mon frère et que j'aie ensuite moi une vie digne, que Franck vive ou pas. Ils m'ont demandé si je ne regretterais pas d'avoir des marques, surtout si Franck ne survivait pas, et à quel endroit je préférais le prélèvement, le dos, les cuisses, le cuir chevelu? J'ai répondu que cela m'était égal, que ce n'était même pas un sujet pour moi. Ils m'ont dit qu'il ne faudrait pas hésiter, si cela se faisait, à réclamer des morphiniques pour ne pas souffrir. J'ai promis que je n'hésiterais pas. Jamais je n'ai consulté mes notes. C'est pour finir, je crois, que je leur ai lu ce qu'il y avait sur les affiches dans la salle d'attente, que j'avais recopié : «Donnez à vos proches», etc. Je leur ai dit à quel point je trouverais aberrant qu'ils fassent des campagnes d'encouragement pareilles et qu'ils me disent non.

Je pense que la séance a duré une heure. Je n'ai jamais été aussi concentré de ma vie. Et puis j'ai entendu : «Merci à vous.»

Quand je suis ressorti, je n'avais aucune idée de ce qu'ils décideraient. Ils arboraient un visage neutre, une mine «ni oui ni non». Ils devaient sans doute discuter après, je ne sais pas. Je n'avais même pas idée du délai de la réponse. On ne peut pas penser à tout.

C'est sur la route du retour, avec le Papou, que mon téléphone a sonné. C'était le professeur Legrand, du CTB. Il m'a juste dit : « C'est bon. Bravo ! Et le procureur de la République aussi a donné son accord. » Je ne peux même pas décrire mon soulagement. Dans la foulée, j'ai eu Clém, Fanny, Nounours, aussi heureux que l'on puisse l'être dans des circonstances pareilles. Ça peut sembler complètement dingue dans une situation dramatique, mais j'avais envie d'aller boire un verre ! Il n'y avait aucune raison de faire la fête, mais je pense que c'est un réflexe, après l'arrivée d'une bonne nouvelle qui met fin à une énorme tension. J'étais soulagé, tout en ayant conscience que l'essentiel était devant moi.

À Saint-Louis, j'étais attendu de pied ferme au rez-de-chaussée, et accueilli comme un héros, mais sans effusions de joie. Le Papou et moi nous sommes laissé enlacer par Clém, Fanny, Nounours, et trois amies nouvelles venues, Aurore, et des jumelles de notre village, Emmanuelle et Aurore (aussi) qu'on connaissait toutes les trois depuis l'enfance. Elles m'avaient écrit via Facebook dès qu'elles avaient eu connaissance de l'accident par le journal et par le bouche-à-oreille. Il va de soi que non seulement je n'avais pas fait de post sur Facebook pour annoncer la catastrophe, mais plus encore, mon historique des publications me l'a confirmé, je n'ai pas fait un seul post entre le 15 septembre, dix jours avant l'accident, et le 6 mars. J'avais été touché par leur message profondément ému alors qu'on les avait perdues de vue depuis quinze ans, en dehors de leurs publications sur les réseaux sociaux. L'autre paire de jumeaux déclinée au féminin à Berteaucourt-lès-Thennes, qu'on croisait dans la rue, en primaire puis au collège, véhiculait des images de l'enfance et de notre gémellité. D'un soutien inattendu, celle qui habitait désormais Paris a même proposé de nous héberger si besoin. Elles sont venues souvent nous voir à l'hôpital, continuant à prendre des nouvelles pendant la convalescence de Frank. Nous commencions à comprendre que nous serions vraiment entourés.

Mais je n'avais qu'une hâte : voir Franck. C'était plus fort que moi, il fallait que je le lui dise !

Nous avions demandé très vite aux membres du personnel soignant si Franck nous entendait. Ils ne nous avaient pas fourni de réponse catégorique, mais ce que l'on voyait, c'est que son rythme cardiaque s'accélérait quand on lui mettait de la musique, et plus encore quand on lui parlait. On l'a fait dès le début, avec la sélection Deezer de son portable. Ces signes nous encourageaient à lui prodiguer des paroles de réconfort, voire à lui annoncer des nouvelles. La fille de François et Hélène était née, elle s'appelait Romane. On est allés jusqu'à demander aux deux tout jeunes parents d'enregistrer un message pour Franck à lui faire écouter sur le répondeur. Ils lui annonçaient la naissance eux-mêmes, lui disaient qu'ils l'aimaient. La réponse de Franck, c'était chaque fois des « bip bip » plus accélérés. Alors on lui répétait de se battre. Chercher des choses positives à lui dire mobilisait beaucoup d'énergie. Parler à quelqu'un dont le visage est recouvert par des bandages, qui reste sans réaction parce qu'il est dans le coma, c'est un peu irréel. La dernière fois que j'avais vu le visage de mon frère, c'était huit jours plus tôt, lors du petit apéro du jeudi soir avec François et Hélène. Et je ne le reverrais que seize jours après. Si le volume de sa tête avait un peu diminué ce jour-là, ce qui choquait était qu'on lui avait scotché les yeux en position fermée. Il fallait éviter que sa cornée s'infecte à cause de l'air surchauffé, et de la déshydratation de son corps qui restait importante, le propre des brûlés du fait de l'absence de protection cutanée. Pour la première fois, j'avais quelque chose de très important à lui raconter, qui le concernait directement. Je lui ai donc parlé d'une voix un peu moins abattue que d'habitude, en espérant que quelque chose arrive à sa conscience, lui donne la force de tenir encore un peu. Je lui ai raconté ma « réussite de l'examen » à l'Agence de la biomédecine. Dit que j'allais lui donner ma peau. Je lui ai dit que la date du prélèvement avait été fixée, malheureusement pas dans l'heure comme je l'aurais voulu. Ce serait le lundi 3 octobre à la première heure. Un week-end à tenir. Il allait pouvoir tenir, non ?

Franck n'a pas vraiment réagi. Évidemment.

FRANCK

Depuis mon coma, je n'ai rien perçu de ce qu'Eric me racontait, et surtout pas des détails de ses exploits à l'Agence de la biomédecine dont je ne soupçonnais même pas l'existence ! Je le taquine… Je n'ai gardé aucune trace de l'espoir qui animait mes proches, Clémentine en première ligne. Du moins consciemment. Est-ce que leurs paroles m'ont poussé à « tenir » deux jours de plus, comme ils me le demandaient, sans que j'en garde le moindre souvenir ? On ne le saura jamais.

Ce que Clémentine m'a raconté en revanche, c'est que le rendez-vous d'Eric en tête à tête le vendredi avec le professeur Mimoun, après leur premier rendez-vous commun l'avait rassurée. La première fois, elle était restée avec une inquiétude, même si elle s'en voulait de l'avoir : qu'Eric se propose par dévouement pour les autres, ou parce qu'il n'osait pas reculer devant elle. La détermination de mon frère pour convaincre l'Agence de la biomédecine l'avait persuadée qu'il effectuait bien son geste pour moi, pour lui, et pour les autres par extension seulement. Il en était revenu vidé, épuisé, soulagé aussi. Mais Clém culpabilisait, comme Fanny, du fait qu'Eric se jette « dans la fosse aux lions », comme elle dit, pour me sauver, même s'il représentait le seul et unique espoir.

Elle se souvient aussi de ce qu'Eric a oublié. Le professeur Mimoun avait souligné que si je vivais, je risquais de vivre défiguré. Ils ne me reconnaîtraient plus. Est-ce qu'ils étaient prêts à l'affronter ? Clémentine avait sereinement répondu oui. Quant à Eric, il ne se souvient même plus de la question, du moins consciemment puisque après, quelque chose en ressortirait, une obsession sur notre ressemblance que je ne lui avais jamais vue auparavant. Ce qui veut bien dire que du souvenir à l'oubli, il n'y a pas loin. Alors, j'ai pu oublier qu'ils m'avaient donné de la force…

ERIC

Le vendredi soir à l'appartement, vers minuit en rentrant de l'hôpital, on a rapidement bu un verre, avec Fanny, Clém et Nounours pour « célébrer la bonne nouvelle ». Je ne dis pas « fêter », et je mets des guillemets, parce que nous n'étions pas ce qui s'appelle « heureux ». Nous avions juste trouvé une source d'espoir. Le samedi soir, Sébastien, le frère de Fanny qui est prof d'E.P.S. et qui avait vu mon frère pour la première fois l'après-midi, s'est joint à nous. Il y avait aussi Emelyne, une amie de longue date du judo, également amie de Clémentine indépendamment de nous. Elles avaient été colocataires lors de leurs études de professeur des écoles. C'était la première vraie soirée où nous nous détendions depuis l'accident, tout en restant tendus vers un seul but : le prélèvement de ma peau, et surtout, la réussite de la greffe.

À l'hôpital le dimanche, alors que nous étions au chevet de Franck, on est venu me chercher pour me montrer ma chambre, la 35, ce qui nous mettrait chacun à un bout du service, lui dans la première du secteur 1, moi dans la dernière du secteur 3. On m'a proposé d'être hospitalisé dès cette veille au soir, mais j'ai préféré passer ma dernière soirée en famille, avec Fanny, Clém et Nounours.

Le lundi matin à sept heures et demie, je suis arrivé avec Fanny au CTB et je me suis installé dans cette chambre où je ferais ma convalescence. J'étais très entouré, mis en confiance. Je devais être à dix heures au bloc. Personne ne semblait spécialement inquiet, ni l'anesthésiste qui m'a posé la perf, ni les infirmiers qui se succédaient dans l'ordre, sachant très bien ce qu'ils avaient à faire. C'était la même routine en apparence que lors de mes précédentes opérations sous anesthésie générale, entre autres pour le ligament croisé au genou après un entraînement de judo, la clavicule cassée le jour de ma chute de vélo cross avec Franck, ou le curage de mon cancer. J'étais détendu, autant que le professeur Mimoun.

Fanny a même fait une belle photo de nous deux, lui en tenue de chirurgien, verte à manches courtes, et moi de patient, bleu marine à manches courtes. Il était 9 h 20, foi de smartphone. Dessus, on voit mes cheveux rasés, au départ par Ludo, un aide-soignant qui n'avait aucun talent pour la tonte, plus spécialisé dans le désherbage apparemment ! Je lui avais pris la tondeuse des mains en plaisantant avec lui parce que j'étais un as en la matière. Franck et moi, ados, on aimait bien avoir les cheveux très ras et on se tondait nous-mêmes. Quand j'avais eu ma chimio, je m'étais rasé la tête tout seul, prenant les devants pour éviter d'assister à la débâcle. Après le prélèvement, mes cheveux repousseraient sans problème, les follicules pileux se trouvant sous la fine couche d'épiderme prélevé. Je me trouvais une bonne tête, encore bien bronzé de l'été qui avait précédé, où l'on avait tellement bien profité. Je n'avais aucune peur quand je suis parti au bloc, juste la petite appréhension classique qui précède les opérations.

D'un côté, il y avait Franck dans sa chambre, avec le docteur Malka, le professeur Chaouat, six chirurgiens en comptant les internes, un anesthésiste réanimateur, un infirmier anesthésiste, un panseur, quinze personnes en tout qui préparaient la pose de ma peau. On l'agrafe, ou on la coud ou on la colle, ça dépend des cas et des endroits, mais Franck, on la lui agraferait majoritairement, je l'ai appris par la suite. Le professeur Mimoun les rejoindrait après s'être d'abord occupé de moi, de l'autre côté, avec un autre chirurgien et un interne, un anesthésiste réanimateur, un infirmier anesthésiste, une panseuse, huit personnes « seulement » pour le prélèvement.

Le professeur m'a prélevé une très fine couche de tout le cuir chevelu et de toute la cuisse gauche, devant, derrière et sur les côtés. Pour décoller la peau, il injecte auparavant un produit qui facilite son soulèvement. Il avait demandé que le rasoir à peau, un dermatome, soit réglé très fin, le plus fin possible. L'appareil permet de prendre des lambeaux d'une dizaine de centimètres de large, là où c'est suffisamment plat pour le faire. Ensuite, mes lambeaux de peau ont été transportés dans un seau contenant un liquide pour les conserver, mais enfin pour le coup, c'était ce qu'on appelle la porte à côté et il n'allait pas s'écouler les huit heures limites de péremption, mais quelques minutes seulement. Ma peau a été passée dans la fameuse moulinette pour la perforer de fentes régulières destinées à maximiser sa surface, de sorte à l'étendre comme un bas résille, et permettre à l'épiderme de repousser dans les interstices. L'intervention a nécessité deux heures de prélèvement sur moi, six ou sept heures de pose sur Franck. On mettrait déjà une heure à le sortir de ses pansements, en le faisant *in extremis* car le corps sans peau ne peut pas rester à l'air libre. C'était une opération de haute précision. Pas de la couture, de la haute couture ! Qui demandait un enchaînement parfait de gestes super-minutieux...

« Tout s'est bien passé », c'est la phrase clé que j'ai entendue quand je me suis réveillé, que m'a répétée le professeur Mimoun le soir venu.

Je souffrais, mais sincèrement, je m'attendais à pire. J'étais très fortement sédaté, sept ou huit comprimés de morphiniques, de deux types, des anxiolytiques et différents antalgiques, un véritable cocktail. J'avais en prime accès à une pompe à morphine, pas à volonté évidemment, mais bienvenue pour reprendre mon souffle quand j'avais vraiment trop mal. Le lendemain de l'intervention, le 4 octobre, la cuisse et le crâne bandés, je ne sais pas ce qui m'a pris, je me suis mis debout ! L'infirmière est entrée dans ma chambre et m'a trouvé en train de faire mon lit. Elle m'a un peu disputé : « Mais qu'est-ce que vous faites ? » Je lui ai répondu : « C'est bon, j'ai la patate ! » Elle m'a dit : « Ah, non non, ce n'est pas à vous de le faire ! », et elle m'a montré le fauteuil en me recommandant de me ménager. Le plus dur était devant nous.

Nous étions en « mode observation » durant trois ou

quatre jours, le temps de voir comment Franck assimilait la greffe. La peau de Franck pouvait se décoller, comme un rejet non biologique mais mécanique. La zone greffée pouvait se nécroser parce que le tissu ne réussissait pas à se vasculariser. Elle pouvait aussi saigner. Il fallait voir comment le corps de Franck, sa surface cutanée mais aussi son métabolisme allaient réagir à un tel bouleversement. Si cela se passait bien, on me prélèverait à nouveau dans la foulée, vraiment, avec une surface plus étendue. J'avais mal, mais je vivais l'œil sur le calendrier. Je voulais arriver tout de suite au moment où l'on saurait si l'on pourrait le greffer à nouveau. Le temps pressait. Ce que j'avais fait était déjà bien, mais très insuffisant. Je n'avais aucun sentiment de satisfaction, plutôt d'impatience et d'urgence.

Mon propre état ne me préoccupait pas. On m'avait expliqué que mes pansements gras seraient changés au bout de trois jours après le prélèvement, puis tous les deux jours pendant les trois semaines d'hospitalisation, la phase de cicatrisation. À ma sortie commencerait la phase inflammatoire. Je devrais porter des vêtements faits sur mesure pour les endroits où j'aurais été prélevé, sauf le cuir chevelu si bien conçu qu'il n'a besoin de rien. Il faudrait les porter dès la fin de la cicatrisation des plaies, une bonne partie de la journée et de la nuit pendant un an. Ils permettent de lisser au maximum la peau, d'harmoniser les volumes, de limiter les boursouflures et les rougeurs inévitables. Fanny, qui ne me quittait pas, ne perdait pas un mot du déroulé et des conseils, mais elle avait conscience aussi que la partie était loin d'être gagnée. Dès que je l'ai pu, le 6 octobre, j'ai demandé à aller voir mon frère. Un infirmier, Fanny, Sandrine la kiné et Clémentine m'escortaient en me soutenant, mais je me suis écroulé avant d'arriver dans sa chambre. J'étais beaucoup trop faible. Je l'ai juste regardé à travers la vitre. Son crâne et son visage étaient toujours couverts de pansements. Il n'allait pas visiblement mieux. C'était frustrant. Et encore, j'ignorais la vérité, que Fanny et tous ceux qui venaient me voir me cachaient et continueraient à me cacher. Durant mes trois semaines d'hospitalisation, Franck traverserait différents épisodes médicaux délicats, dont je ne récolterais qu'un écho très atténué.

FRANCK

Le jour précis où Eric s'est fait prélever pour la première fois, ce lundi 3 octobre, j'ai eu une pneumopathie, avec des germes multirésistants, c'est-à-dire qui ne se laissaient pas tuer par les premiers antibiotiques venus. Je ne respirais plus tout seul. Le 7, on m'a fait une trachéotomie parce qu'il était évident que j'allais rester longtemps en coma artificiel. Sinon, le changement des pansements oblige à intuber/extuber tous les deux jours, ce qui est aussi délicat que dangereux sur le plan infectieux. Le 9, j'ai eu une autre infection, de la peau cette fois, avec des germes passés dans le sang, d'où un choc septique. Ma tension a chuté d'un coup. C'est une raison de décès fréquente en réanimation. J'ai reçu d'autres antibiotiques, subi un changement complet de mes cathéters parce qu'une infection contamine aussi les tuyaux, or j'étais branché de partout. On m'a donné le rapport de mon hospitalisation quand je suis sorti. Plusieurs pages récapitulaient toutes les complications que j'ai traversées, avec des rubriques : plan infectieux, plan hémodynamique, plan respiratoire, plan hépatique, plan rénal, plan hématologique, plan ophtalmologique, plan urologique. Dans chaque rubrique, plusieurs tirets listant mes complications. Il n'y a que sur le plan rénal que c'était minime. Sur les autres, il paraît qu'une seule aurait pu suffire à me tuer.

En ce qui concerne la greffe, toute l'équipe médicale était suspendue au terrible moment où l'on ouvrirait mes pansements pour voir si elle prenait bien ou non. J'étais tellement bandé que le changement de mes pansements prenait trois heures tous les deux jours. Cette opération se renouvellerait pendant plus de cinq mois, et ce serait mon cauchemar, mais pour l'heure, plongé dans le coma artificiel, j'étais sans le savoir un bienheureux : je ne souffrais pas. Trois jours après le prélèvement d'Eric, le 6 octobre, ils m'ont donc déballé comme ils le feraient près d'une centaine de fois, toujours selon la même procédure. Les infirmiers et aides-soignants ont installé près de moi une table à pansements, où ils ont tout préparé. Ils ont ensuite enlevé mes pansements souillés, m'ont désinfecté entièrement le corps au gant, car il n'a évidemment pas été question de douche durant presque six mois, ils ont nettoyé mon lit, enlevé les croûtes, sources d'infection, regardé comment se comportaient les greffes sous toutes mes coutures, on peut dire, dessus et dessous, soulevé mon corps du lit avec un genre de treuil, posé sur le lit les bandages préparés sur la table attenante, pour qu'il n'y ait plus qu'à reposer mon corps et les refermer dessus, après m'avoir enduit d'une crème ultra-grasse. Et ils m'ont réenfermé enfin dans mon sarcophage. À Saint-Louis, comme plus tard en centre de rééducation, j'ai été « le cas ». Le mec dont on met le plus longtemps à changer les pansements. Le personnel médical qui s'occupait de moi travaillait héroïquement par une température allant jusqu'à 38 °C, impérative pour que ma température ne descende pas trop bas. C'est dans cette chaleur accablante qui ne redescendait que très progressivement que mes proches me veillaient un jour sur deux, quand c'était jour de pansement. Ils suaient à grosses gouttes, une chance, car n'ayant plus moi-même de pores pour évacuer la chaleur, je n'avais plus aucun système d'autorégulation. J'allais crever de chaud… par risque de crever de froid.

ERIC

Le 6 octobre au soir, le professeur Mimoun est entré dans ma chambre : « Franck réagit très bien ! C'est magnifique. On fait le second prélèvement demain matin ! »

C'était un vrai soulagement, pour moi, pour la famille comme pour toute l'équipe de médecins et le personnel en général, très impliqué dans l'aventure. Je suis donc reparti pour une petite tournée de visites des médecins. Ils avaient résolu de ne pas changer mes pansements de la cuisse gauche, ce qui se fait normalement au bout de trois jours la première fois et nous étions au quatrième, afin de m'épargner des souffrances inutiles. Ils avaient vu juste en estimant qu'ils auraient tout le temps d'inspecter le travail lors de mon anesthésie pour la seconde intervention. De toute façon, j'allais visiblement bien et mes pansements ne suintaient pas, mon crâne était même déjà partiellement débandé. Pour emprunter au langage du sport, je pense que ce qui nous a tous sauvés, c'est qu'on avait un mental de gagnant. Tout le monde se le répétait dans sa tête : on va réussir ! Cela ne veut pas dire que personne n'avait ses moments d'abattement, proches ou infirmiers, et médecins aussi sûrement, mais on s'appliquait à chasser les doutes, à ne pas en parler.

Comme nous l'avions prévu si tout se présentait bien, j'allais me faire prélever toute la cuisse droite, devant et derrière, et tout le dos. Ils m'ont prévenu que le dos, c'était douloureux, mais moi, je ne voyais qu'une chose, c'est que de la peau, il y en avait davantage. Le docteur Malka est venu faire un tracé sur mon dos pour délimiter la zone de prélèvement « à ma convenance », si l'on peut dire. Il a dessiné un cadre rectangulaire qui partait depuis le haut du dos pour atterrir au bas des reins, avec mon choix d'un départ du coup de feutre juste au niveau des omoplates, pour que je ne sois pas obligé de fuir le soleil si je portais un tee-shirt en été. Les cicatrices qui me resteraient à l'avenir s'en trouveraient couvertes par la même occasion. J'étais d'autant plus serein pour cette nouvelle chirurgie que j'avais des raisons d'espérer, plus encore que le 3 octobre en attaquant l'aventure. J'avais bien encaissé la première intervention, et les chirurgiens étaient satisfaits de ce qu'ils voyaient sur Franck. Ce qui jouait sur le moral, c'est que je n'étais toujours pas sûr de le sauver, à cause de toutes les complications qui pouvaient survenir, qui en réalité survenaient déjà et dont je ne savais pas tout. Mais j'essayais de réfléchir dans l'ordre, et de rester concentré sur ce qui relevait de mon rôle : sur le plan cutané, je l'aidais énormément.

La seconde intervention a eu lieu le 7 octobre. Et là… Cela a été une autre histoire…

Je me suis réveillé en « bad trip », comme on dit pour les drogués. Drogué, je l'étais puisque je suis sorti de l'anesthésie générale pour me réveiller sous kétamine. Avant Franck, qui en parlera mieux que moi parce qu'il vivrait les choses au centuple et durant des mois, j'ai connu l'horreur du délire hallucinatoire propre à la kétamine. Peut-être venu aussi parce que je supportais mal la double anesthésie et sédation violente à quatre jours d'intervalle. Quand j'ai émergé, Fanny, Clémentine et Emelyne angoissaient dans la salle d'attente, leurs pensées tournées vers la chambre 11 transformée en bloc opératoire et la 35, encore inaccessible. Depuis le bout du couloir, elles m'ont entendu hurler de terreur. Fanny est accourue et m'a rapporté que je criais : « Au secours ! Ils me maintiennent sur le lit ! Ils vont encore me droguer ! » En réalité, un infirmier venait d'entrer dans ma chambre et s'apprêtait à me faire une simple prise de sang… J'ai le souvenir, moi, que mon lit quittait la pièce, était propulsé au bloc opératoire, revenait d'un bond dans ma chambre, où je voyais de mes yeux mon corps quitter le lit… Enfin, j'ai atterri dans la réalité. L'infirmier est soudain devenu un « ami » : je ne voulais plus qu'il quitte la chambre. De peur que cet enfer se reproduise. J'ai déliré deux ou trois heures. Et quand j'ai fini de délirer sous l'effet de la kétamine… j'ai crevé de douleur, d'une douleur indicible, jamais connue et jamais imaginée, mais j'ai honte d'en parler, comparé à ce qu'a vécu Franck. Rien à voir avec la première intervention. Je comprenais mieux pourquoi j'avais été prévenu.

Le professeur Mimoun est venu me voir tard le soir, comme il continuerait à le faire souvent durant mon hospitalisation. Ce premier jour, j'avais pleuré toute la journée. Il s'est montré très réactif : c'était inadmissible que je souffre ! Il a donné des consignes pour qu'on augmente les doses de sédatifs et il a taillé lui-même dans les bandages pour les desserrer et que je gagne en aisance. Mais le dos… Le dos, ce n'était pas vivable. On ne met jamais le patient sur le ventre, et je ne le souhaitais pas parce que ça accentue le sentiment de claustrophobie alors que je me sentais déjà cloué au lit. Dans le service, ils avaient suffisamment d'expérience pour le dire et le répéter, la position était anxiogène. Franck serait soumis à la même politique, alors que son dos présenterait d'énormes problèmes de cicatrisation, auxquels s'ajoutaient pour lui des problèmes de branchements et de respirateur, sûrement pas envisageables avec le patient sur le ventre. Les infirmiers et aides-soignants m'ont fait essayer la position allongée sur le côté, mais le moindre mouvement me torturait et je devais être aidé pour tout. Quant aux cuisses, une fois la seconde pelée à vif, la sensation était très différente de la première fois.

D'abord, après la première intervention, je m'étais vite mis debout, donc j'avais évité le contact permanent de la chair meurtrie et du matelas. Ensuite, j'avais une cuisse valide, qui pouvait servir d'appui à l'autre. Là, j'étais sans solution. On m'a shooté aux ampoules morphiniques, à l'Acupan, à toutes sortes d'antalgiques, mais rien n'y faisait ce jour-là, pas davantage les jours suivants.

Le lendemain, le bandage de ma cuisse était imbibé de sang, ce qui n'était pas normal avec les pansements anticoagulants. On changeait normalement les pansements trois jours plus tard, mais il a fallu prendre les devants. C'est là qu'accablé de douleur, bien qu'abruti par les analgésiques, anxiolytiques, et morphiniques puissants, j'ai vu ma peau pour la première fois… Le professeur Mimoun m'avait dit que mes marques ressembleraient à terme, un ou deux ans plus tard, à un très gros coup de soleil, mais évidemment, on en était loin. C'était sanguinolent, à vif. Un peu comme après un accident de moto quand le conducteur s'est râpé jusqu'au sang en glissant plusieurs mètres sur le bitume. Mais « beau », selon les spécialistes. Le professeur Mimoun me le dirait lui-même en venant tard le soir dans ma chambre pour inspecter le chantier du dos trois jours plus tard : « J'ai fait du bon boulot ! » Aujourd'hui, je sais à quel point il avait raison, au-delà même de ses espérances, mais sous le choc et le coup de la souffrance, j'étais incapable de partager sa satisfaction.

Pendant une semaine après ce 7 octobre, date du second prélèvement, la douleur me dévorait et prenait toute mon énergie. Je ne pensais qu'à moi. À Franck un peu, mais surtout à moi. Je n'avais qu'une hâte : cicatriser. Ne plus souffrir. Retrouver la force de revenir au combat.

Je suis resté alité deux jours avant d'être mis au fauteuil quelques minutes par jour, mais c'était épouvantable. Même assis, mon dos me faisait atrocement souffrir, malgré la morphine et le cocktail d'antalgiques. J'appuyais sur ma pompe à morphine toutes les cinq minutes comme un maniaque. La pompe ne m'en délivrait jamais assez. Me revenaient en mémoire les paroles du professeur Mimoun et des membres de l'Agence de la biomédecine : « Il ne faudra pas hésiter à demander de la morphine… » Mais j'avais beau réclamer, vient un stade où ils ne pouvaient pas me plonger dans le coma non plus, ni me rendre dépendant au point de m'imposer un sevrage à l'avenir. Il fallait que je sois « raisonnable ». De fait, en sortant, je n'aurais plus que du Doliprane. Pour l'heure, je végétais, le moral démoli par la souffrance et l'immobilisation, une propension à pleurer les tout premiers jours alors que je me connaissais plutôt « dur à la larme ». La nuit, le matelas anti-escarres, systématique pour les brûlés et idéal pour mon cas, un genre de matelas pneumatique à boudins séparés, me rendait dingue. Les boudins gonflaient et dégonflaient régulièrement en alternance de façon automatique, dans un bruit de pompe qui me réveillait, même avec mes boules Quies. Je ne me reposais jamais. Je ne mangeais rien. Je ne m'intéressais à rien. Je me fichais de la télé, de la musique, du téléphone. Mon alliée de tous les instants, Fanny, gérait mes messages et transmettait les nouvelles à ma place, comme elle l'avait fait souvent quand il s'agissait de Franck pour nous soulager un peu, Clém et moi. Tout m'apparaissait comme une corvée, et je suis désolé, même les visites.

Je n'ai pas eu la force de voir mon cousin monté de Bordeaux dans la foulée de mon intervention. Un ou deux jours plus tard, c'était Maxence, notre ami de Prague, accompagné de notre ami Matt. Quand ils sont entrés dans la chambre, je me suis décomposé tout de suite : en larmes. Trop de douleur, d'émotion, de dépit d'être dans cet état pitoyable. Mes parents arrivés de Bretagne m'ont prodigué les paroles les plus gentilles du monde, mais je ne savais que pleurer. Clémentine passait me voir, mais elle savait comme Fanny qu'il était inutile de me parler. Elle faisait acte de présence, s'asseyant gentiment pour me dire son soutien par le regard, et Fanny supportait patiemment mes plaintes en continu. Le moindre événement, le moindre incident me rendaient fou. J'étais à fleur de peau, on peut le dire! Je me souviens d'un dérangement qui m'avait mis hors de moi : le bruit des klaxons dans la rue, un bazar pas possible à cause de la circulation interrompue par la visite de Bernard Cazeneuve et Manuel Valls au chevet d'un grand brûlé, le policier de Vitry-sur-Seine agressé dans sa voiture par une bande d'abrutis qui lui avaient jeté des cocktails Molotov. Je n'avais ni patience ni compassion.

Le professeur Legrand, anesthésiste-réanimateur, est passé mesurer le degré de ma détresse. Il m'a conseillé d'écrire tout ce qui me rendait dingue, la douleur, l'odeur insupportable qui émanait des pansements, un mélange de crème huileuse, de sueur, de sang séché ou de je ne sais quoi, qui me mettait au bord de la nausée. Il affirmait que mettre des mots pouvait me soulager. Mais je ne voulais rien. Même pas discuter avec la psychiatre. Pour dire quoi ? Que j'avais mal ? Ce qui achevait de me démolir le moral était l'incertitude de sauver Franck, toujours présente dans un petit coin de ma tête, une idée qui me rattrapait au cœur de la souffrance. Pour autant, jamais je n'ai regretté. Pas un instant. Je crevais de douleur, mais j'acceptais mon sort. Je savais pourquoi j'avais mal et pourquoi je l'avais fait.

Je n'ai qu'un bon souvenir, minuscule, c'est quand une infirmière à la voix très douce est accourue à mon chevet très tard et a entrepris de me masser la tête, dont on venait d'enlever le reste des bandages puisque ce prélèvement-là avait eu lieu le 3, ce qui nous mettait à J +7. Le cuir chevelu était déjà rosé et des microns de cheveux commençaient à poindre. Elle m'a enduit le crâne et la nuque tout doucement, avec une huile bien grasse qui sentait bon les plantes et masquait un peu l'odeur atroce des pansements. Quelques minutes durant, elle a réussi à me faire penser à autre chose. Je m'appliquais à me concentrer sur la sensation agréable. Une goutte d'eau dans un océan d'enfer.

Au bout de cinq jours, ils m'ont péniblement amené sous la douche pour aider à décoller les pansements et me laver un peu. Même si j'étais très sédaté, avec une dose supplémentaire de morphine et d'antalgique avant chaque changement de pansements, l'épreuve des quelques pas a été terrible. Psychologiquement, il y a pourtant eu un bénéfice : si l'on me faisait remarcher, c'est qu'on estimait que j'allais mieux, et que j'allais sortir de cet état. Mon corps prenait déjà un aspect plus reconnaissable, de peau en train de cicatriser, avec des croûtes qu'ils enlevaient, avant de m'enduire de produits surgras et de me rebander. Mais mon corps entier me brûlait, la peau tirait et me démangeait, effet de la régénérescence. Je n'avais évidemment pas le droit de me gratter, et surtout, j'en aurais été bien incapable, torse et cuisses se trouvaient étroitement bandés. Ce qui augmentait mes douleurs avant chaque changement de pansements, c'est que, passé le premier, je savais désormais que j'aurais mal. On me mettait ensuite quelques minutes au fauteuil, le temps de décontaminer la chambre, et au bout de deux heures ou deux heures et demie, c'était fini. Mais quand je regagnais mon lit, une partie de l'anesthésie diminuait, donc c'était toujours l'enfer. Les médecins, des internes, le docteur Ferry, le docteur Benyamina passaient de temps en temps et m'assuraient que tout allait bien. J'ai ressenti un petit mieux au bout de dix jours seulement, repensant enfin à mon frère plus qu'à moi. Autant ma première intervention ne m'avait pas marqué, autant avec la seconde, ma vie a eu un avant et un après.

Pour Fanny aussi, il y a eu un avant et un après. Présente de treize heures à vingt-deux heures, elle se retrouvait désormais avec deux patients à visiter, Franck dans la 11, moi dans la 35. L'un était entre la vie et la mort, le jumeau de son compagnon, et l'autre était son propre compagnon, qui crevait de douleur. Elle allait de l'un à l'autre, sortait de la pièce le temps des soins de l'un ou de l'autre, allait voir l'autre ou patientait dans la salle d'attente. Privée de ma présence, elle avait désormais deux raisons d'être angoissée au lieu d'une, même si c'était à des degrés très différents. Malgré l'espoir qui était né, le gain psychologique n'était pas net pour elle. Je dois remercier les filles de m'avoir épargné, en me cachant leur inquiétude sur l'état de Franck. Après sa pneumopathie, ses difficultés pour respirer, sa trachéotomie, le 13 octobre, le foie de mon frère bombardé de médicaments et de sédatifs à très haute dose a commencé à montrer des signes de fatigue. Pour autant, ils ne pouvaient pas suspendre le traitement et il était trop tôt pour le sortir du coma. Sur le plan cutané au contraire, on me soulignait l'amélioration en multipliant les bonnes nouvelles, qui arrivaient aussi bien via le personnel médical que via la famille. « Sa peau prend super bien », me disaient Clém, Fanny et les autres. « Les greffes sont magnifiques ! » me rapportaient les infirmières.

En dehors de l'hôpital, une nouvelle vie s'organisait. Nounours, solide comme un roc, était à l'appart-hôtel où nous étions encore la plupart des soirs, mais il a dû parfois s'absenter un jour ou deux pour voir son oncle hospitalisé. L'alliée numéro 1 de Fanny est devenue Clémentine, une épaule fraternelle, toutes deux réunies par le fait d'avoir leur conjoint à l'hôpital, dans la même histoire. Elles sont devenues super proches alors qu'elles n'étaient pas si liées quand on allait tous bien. Jusque là, Franck ou moi avions toujours été entre elles deux. Elles faisaient désormais tout en duo, les visites mais aussi dormir – Clém sous somnifères, Fanny résistant de son côté aux anxiolytiques à sa portée –, faire les petites courses, échanger leurs impressions. Fanny m'a raconté bien après que, le soir, elles étaient capables de descendre une bouteille de vin blanc à deux, ce qui n'était pas moins efficace que les anxiolytiques. Elles ne nous ont jamais quittés, même pas Fanny pour repasser à la maison. Depuis l'accident, elle n'avait vu notre fils que quelques heures lors d'un aller-retour express chez ses parents. Elle ne voyait sa place qu'à Paris. Nos deux compagnes se sont complètement dévouées à nous, main dans la main. Elles ont été notre chance.

FRANCK

J'ai laissé deux belles-sœurs qui s'aimaient bien au moment de l'accident pour retrouver deux femmes liées pour l'éternité par l'épreuve. Au début de mon hospitalisation, Clémentine s'est complètement oubliée. Elle n'arrivait pas à manger, et le moindre bout de gâteau la faisait vomir, même si son ventre la torturait en réclamant de la nourriture. Elle s'est remise à fumer alors qu'elle avait arrêté, très précisément à une date symbolique, le jour de la naissance de Jules, le 9 décembre 2014. Fanny s'est sentie aussi éprouvée qu'elle du fait de l'hospitalisation d'Eric. Ce qui les rapprochait était aussi ce qui diminuait les forces de Fanny, qui restait certaine que ce que vivait Clém était encore plus dur, quoique aucune ne s'avisait de comparer leurs angoisses. Fanny a encouragé Clém à se reprendre, et toutes les deux se suggéraient l'une à l'autre de passer à la cafétéria chercher une bricole à déjeuner ou décompresser devant un café. Mais elles ont été incapables de reprendre leur souffle.

Il n'y avait pas une semaine sans mauvaise nouvelle. On ne leur dirait jamais que j'étais tiré d'affaire avant que je sorte de l'hôpital, cinq mois plus tard. Heureusement qu'elles avaient de la ressource, avec des familles inébranlables pour les soutenir.

Mes beaux-parents, Florence et le Papou, Pascal dans la vie civile, se démenaient pour aider Clémentine à tenir le choc. Son père, qui travaille à Paris dans le design des parfums, venait d'un coup de moto plusieurs fois par semaine. Sa grand-mère, Mamie Nicole, et sa mère, dès qu'elle échappait à son travail d'assistante dentaire, ont, durant des mois, rapporté de chez elles en train, des boulettes, de la blanquette de veau, des plats appétissants et nourrissants, faciles à réchauffer au micro-ondes sur le coup de presque minuit, quand l'heure des visites à l'hôpital avait chassé de ma chambre Clémentine, Fanny, Nounours, puis Eric, sans parler des autres visiteurs. Si elles savaient des amis de passage à l'appart, elles rapportaient pour tout le monde. C'est Florence, ma belle-mère, qui plusieurs fois dans la semaine, rapportait à Clémentine son linge ou des papiers de la maison, lui offrant les vêtements qui lui manquaient. Pour que je vive, je n'oublierai jamais qu'il a fallu une véritable logistique familiale. C'est long, cinq mois.

ERIC

J'ai passé dix-sept jours à l'hôpital. Ce n'est rien, comparé aux cinq mois que vivrait Franck et s'il fallait le refaire, bien sûr je le referais. Mais… je n'oublierai jamais la phase de dépression, la période de douleur. Ce n'est qu'au bout d'une petite dizaine de jours, vers le 16, que j'ai commencé à me sentir mieux, toujours sous sédatif. Le professeur Mimoun restait aux petits soins, passant régulièrement et notamment le soir après ses consultations, parfois très tard. Il commençait à me parler sur un ton plus détendu et familier, tombant sur le fauteuil pour papoter, à l'aise comme dans son salon. Il me répétait, sans me donner de faux espoir, que l'état de la peau de Franck s'améliorait considérablement, que le processus vertueux de la cicatrisation était en route. Non seulement il bénéficiait de mon don, mais sa propre peau avait réamorcé son processus de repousse. On avait prélevé 45 % de mon tissu cutané. La mission de Franck, c'était de continuer le travail et c'est ce qu'il faisait.

Après mon don, c'était comme si mon frère redevenait vivant, du moins sur le plan cutané puisque le risque vital demeurait, même si le professeur Mimoun assurait que l'état général y était lié. Moi, je ne pouvais qu'être heureux, parce que je savais d'où mon frère revenait, le zéro espoir, le « moins de 1 % de chance de survie », comme disait le professeur Mimoun. Il paraît qu'après trois semaines de greffe, période normale du rejet d'une peau étrangère, le professeur Mimoun n'a pas pu s'empêcher d'aller mettre le nez lui-même dans les pansements. Biologiquement, un rejet n'était pas possible. Mais l'inquiétude l'a saisi quand même. Un truc irrationnel dont il était conscient. Et puis non, tout était magnifique. J'écoutais longtemps parler le professeur, très fatigué mais jamais pressé de quitter le service, parce que je sais que la vie était pour lui ce qu'il y avait de plus important au monde. J'ai compris là pourquoi je lui avais tout de suite trouvé le regard cerné. Pourquoi il n'avait pas de l'art abstrait aux murs de son bureau mais de l'art concret, des photos zoomées de ses « belles » greffes. Parfois, bercé par ses paroles, je m'endormais. Au point que la vie me revenant et aussi le sommeil, j'ai fini par dire aux infirmières quand arrivaient vingt-trois heures : « Si jamais le professeur passe… vous ne voulez pas lui dire que je dors ? » Parce que je n'ai pas sa santé !

Mon hospitalisation a complètement changé mon rapport à la guérison de Franck, comme au personnel. D'abord, je maîtrisais le processus de repousse de la peau, les questions de pansements dont j'avais une expérience assez similaire, même si je n'avais aucune connaissance de son degré de souffrance. Ensuite, j'ai eu un contact direct, de patient, avec les infirmiers, les aides-soignants, hommes et femmes du service, ceux-là mêmes que l'on voyait s'affairer autour de Franck depuis son arrivée le 26 septembre. C'est fou, quand j'y pense, de réaliser qu'il ne s'était écoulé qu'une semaine depuis l'accident lors de ma première intervention le 3 octobre, dix jours lors de la seconde, le 7 octobre. Il s'était passé plus de choses dans notre vie pendant ces quelques jours que pendant d'autres périodes de plusieurs mois. Nous vivions sous une telle pression que nous n'avions pas eu le temps jusque-là de bien identifier le personnel, juste celui de retenir parfois un prénom affiché sur la blouse, parfois la fonction. Durant mes jours de souffrance, j'ai eu le temps de me familiariser avec ceux qui resteraient nos alliés jusqu'au mois de mars. Leur point commun à tous, c'était d'être hyper « pros » et pleins d'humour à la fois, pour la plupart. Je pense que si l'on ne sait pas rire, on ne peut pas aider les autres à vivre.

Ma préférée, la même que Franck plus tard – même si c'est injuste d'établir un palmarès parce qu'elles étaient vraiment toutes super –, c'était Marie-Doudou, alias Marie-Agnès, une aide-soignante qui prenait tout son temps pour m'écouter et me réconforter. Il y avait aussi Fanny, l'infirmière, une femme avec un sacré caractère, très directe, qui aurait pu faire des *one-man-show*, tellement elle avait une façon imagée de raconter les histoires, et l'autre Fanny, une aide-soignante guadeloupéenne d'une nonchalance berçante, tout en restant très efficace, ou sa collègue Séverine, qui ne nous oubliera pas, même pendant son congé maternité. Il y avait aussi Mathilde, infirmière en formation, avec qui j'ai traversé des épisodes mettant à mal ma pudeur, ce qui nous a liés par la rigolade jusqu'à la fin de mon séjour. Comme elle avait mon âge, je lui avais proposé initialement d'aller boire un verre à ma sortie, mais du coup, je m'étais ravisé en plaisantant : « Toi, plus jamais je veux te voir ! » Je me souviens aussi d'Alexandra et de Maïmouna, les deux calmes et posées, ce qui faisait une moyenne avec Pablo, un infirmier très très drôle et hyper-réactif, et Ludo, qui tondait mal les cheveux mais me téléphonait depuis la salle de repos : « Vous voulez le plat de l'hôpital ou le plat maison ? » Je disais : « Tout dépend, monsieur, c'est quoi aujourd'hui ? » Ludo me répondait : « Pâtes au beurre-jambon ou risotto-poulet ? » Et je faisais mon choix, comme au *drive*. Et puis j'allais omettre l'inoubliable petite Marie, aide-soignante super consciencieuse, notre âge à peu près, aussi gentille que douce, qui serait aux petits soins pour Franck.

Pour le personnel aussi, la situation était inédite. Un frère prélevé et son jumeau greffé chacun à un bout du couloir. Le brûlé et « l'usine à peau », comme me surnommait le professeur Mimoun pour minimiser son geste et expliquer à quel point c'était « facile ». Pour autant, ils ne s'adressaient jamais à moi comme au héros grâce à qui tout serait résolu, vu que ce n'était pas du tout le cas. Il fallait que je reste bien conscient que, malgré ma souffrance, Franck n'était pas sauvé. Ils me disaient juste sobrement que j'avais fait ce qu'il fallait, que mes douleurs seraient vite oubliées par rapport au bénéfice pour Franck, sans afficher de pronostic pour le reste, vu qu'il n'y en avait pas.

Ma sortie a été programmée pour le 19 octobre. C'est l'avant-veille que Fanny est arrivée dans ma chambre complètement sous le choc. Elle n'avait croisé personne en arrivant dans la chambre de Franck, elle s'était installée à son chevet, comme d'habitude, prête à stationner longtemps face à son corps inerte. Nous avions tous pris l'habitude de parler tout seuls, guettant les bips des machines, répétant à Franck à quel point on le tenait pour un guerrier dont nous étions fiers. On lui « montrait » des vidéos de Jules, on lui parlait de l'amour inconditionnel que lui portait Clém, et des projets qui allaient avec, de maison, de bébé… Et soudain, elle avait eu l'impression que Franck grimaçait et mordillait le tuyau avec lequel il était intubé. C'est devenu une certitude : le tuyau bougeait, la bouche aussi. Puis d'un coup, il a ouvert les yeux, qu'on lui avait déscotchés quelques jours plus tôt ! Son regard fixe s'est planté dans ses yeux, l'air terrifié. Une image dont elle dit qu'elle ne la quittera jamais. Elle a tout de suite eu le réflexe de lui chuchoter en souriant, sur un ton aussi naturel que possible, pour ne pas lui communiquer la moindre inquiétude : « Bonjour, Francky, tu es à l'hôpital, ne t'inquiète pas… On est tous là, Eric, Clém… », avant d'enchaîner rapidement : « Bon, je vais chercher Clémentine. » Il a fait « non non » légèrement de la tête, mais elle est partie en lui soufflant un bisou de loin, assorti d'un « À toute », pour se précipiter au bureau des infirmiers. Elle leur a lancé un peu paniquée : « Il a ouvert les yeux!!! » Ils lui ont répondu : « Ah, oui ! c'est normal, on a baissé la sédation… » Elle est alors allée voir Clém, tout juste sortie de ma chambre. Toutes deux étaient partagées, comme moi, entre la joie et l'inquiétude : il allait réagir comment ? Qu'est-ce qu'il faudrait lui dire ? Ne pas lui dire ? Le réveil de Franck, même minime, était pour moi une raison de plus de ne pas tenter l'aventure d'aller le voir au bout du couloir. Je tenais d'autant plus à être bien retapé pour me présenter s'il avait l'œil ouvert !

FRANCK

L'œil ouvert, c'est le bon mot. Rien de plus. Le 16 octobre, Mathilde, une infirmière, avait prévenu Clémentine, arrivée la première : « On est en train de le sortir du coma. On a baissé la sédation. Il se peut qu'il bouge. » Bouger est un grand mot. La différence entre le coma et l'état d'éveil qui suit immédiatement est infime, surtout dans mon cas où la sédation était proche de celle de l'anesthésie générale qu'est en fait un coma artificiel. Je n'étais pas sous morphine, trop légère pour l'intensité de mes douleurs, mais sous kétamine, sufentanil, et autres opiacés plus puissants, à quoi s'ajouterait le Propofol, à chaque changement de pansement. Clémentine n'avait pas bien compris ce qu'on lui disait.

Cinq minutes après qu'elle s'était assise, j'ai donc entrouvert l'œil droit, et l'une de mes joues a remué. Puis tout s'est de nouveau immobilisé. Clémentine a été si surprise qu'elle a poussé un cri, paradoxalement très angoissée. Elle m'a dit avoir éprouvé le sentiment violent de sortir de l'irréalité. Jusque-là, j'étais une momie inerte. Elle ne m'avait pas vu le moindre frémissement depuis trois semaines. Soudain, c'était donc bien moi, cette montagne de souffrance… Elle n'était pas heureuse. Parce que si je mourais, je mourrais en quelque sorte en étant redevenu vivant.

Mon éveil a duré quelques secondes. Je me suis à nouveau immobilisé, puis j'ai redonné des signes de vie, et ce serait comme ça durant quelques jours. Si je connais très bien la date de ma première petite reprise de conscience, c'est parce que parmi les premières phrases de Clém que j'ai entendues, il y a eu : « Demain, c'est mon anniversaire. » Ce qui n'avait pas beaucoup plus de sens pour moi que « Tu as été un petit peu brûlé » ou le surréaliste « Eric t'a donné sa peau. » Clémentine « fêterait » ses vingt-six ans le lendemain en s'octroyant une sieste à la maison, pause royale, et le soir venu, deux verres qu'elle n'a pas supportés, avec son frère Hugo, Fanny, Nounours, et nos amis Emelyne et Mathieu, pas Matt mais un autre Mathieu. Ces tout premiers jours, je ne souffrais pas physiquement à proprement parler. J'étais encore aux frontières de l'état comateux. Mais j'avais la sensation d'être souillé, d'une douleur au ventre, on ne comprenait pas encore trop pourquoi. Le personnel changeait souvent sous moi le seul endroit qui n'était pas bandé. Mes diarrhées ne les inquiétaient pas plus que ça.

ERIC

Le mercredi 19 octobre, je devais quitter le CTB mais ce n'était pas comme une sortie d'hôpital ordinaire, avec ce sentiment de libération et cette légère euphorie qui vous envahissent, bien au contraire. Je n'avais envie de profiter de rien, Franck restait en danger, notre vie à son chevet allait continuer, et j'avais la mémoire toute fraîche de ce que j'avais traversé. Quelque chose me rassurait dans le fait d'évoluer à proximité des médecins, en milieu stérile, sur un lit fonctionnel, avec le bon conseil qu'il fallait quand il le fallait. Libéré dans la nature, est-ce que je saurais faire avec mes pansements ? Est-ce que je continuerais à bien cicatriser ? Est-ce que je ne risquais pas de m'infecter ? Et puis je m'éloignais de Franck. Mon seul plaisir ce jour-là, c'était d'aller le voir.

Encore en tenue d'hôpital, je suis entré dans la chambre 11, et… j'ai retrouvé mon frère ! Il avait un visage ! Un regard ! Il n'avait plus le crâne bandé, et après une première autogreffe de son cuir chevelu, on voyait des cheveux commencer à poindre. Il n'avait plus de pansements sur son visage, et à part un bobo à l'œil, comme une grosse brûlure au-dessous de la paupière et un peu au-dessus, son visage était beige rosé, quasiment frais. Il paraît que les membres de l'équipe médicale avaient été sidérés eux-mêmes de découvrir son visage, d'une part notre ressemblance, qu'ils voyaient de leurs yeux pour la première fois, d'autre part son relatif bon état. C'est son visage qui avait le mieux profité du début de la relance initiée par les greffes que j'avais permises. Un visage si peu abîmé que nous, les proches, avons longtemps cru qu'il avait presque été épargné par le feu ! Aurions-nous mal compris ? En réalité, on nous avait préparés au pire. Et on avait bien fait, car cette cicatrisation apparemment quasi totale allait connaître des hauts et des bas, avec des croûtes itinérantes, et des rougeurs variables. On l'oublie toujours, le feu continue de courir après l'extinction des flammes, pendant des mois. Ce 19, c'était « un haut ». C'était capital si Franck vivait. Le visage, c'est une carte de visite.

Ce jour-là, ses oreilles n'étaient pas bandées parce que l'équipe tentait la cicatrisation à l'air libre, les pansements ne donnant pas satisfaction. On voyait déjà qu'elles avaient été très abîmées, surtout la gauche, au point que des cartilages brûlés avaient dû être retirés. Les lobes paraissaient comme grignotés. On ne voyait pas son cou, bandé parce que très abîmé et très greffé, ni aucun autre morceau de son corps, encore en momie en dehors des pieds, qu'il avait à peu près intacts, régénérés eux aussi. Eux non plus n'avaient pas tout à fait échappé aux flammes. Mais l'essentiel, c'est que Franck avait les yeux ouverts ! Et c'était un grand choc de croiser le regard de mon frère pour la première fois depuis la fin septembre, après l'avoir contemplé des centaines d'heures les yeux fermés ou scotchés, entièrement enveloppé dans son scaphandre. Bien sûr, il avait le trou de sa trachéotomie, que je ne lui avais pas connu avant mes prélèvements, et sa sonde nasogastrique, mais enfin c'était lui ! Ce jour-là, Fanny a fait une belle photo avec le professeur Mimoun qui fait le V de la victoire. C'était la première fois qu'on se retrouvait tous les trois. Notre première photo avec notre « deuxième père », comme l'appelle Franck ! Mon frère n'avait encore aucune idée de qui était ce monsieur inconnu, mais enfin il me reconnaissait moi, clairement !

Franck était très faiblement conscient, et par paires de minutes seulement. Il était capable de « s'endormir » à tout moment. Mais je pouvais lui parler et il m'entendait, pour la première fois depuis plus de trois semaines, le jour de la fête avant l'accident. Il me scrutait. Et il a semblé vouloir me dire quelque chose. Mais avec la trachéotomie, aucun son ne sortait évidemment. Juste un souffle avec des syllabes qu'on tentait de déchiffrer sur ses lèvres. Ce n'était même pas un chuchotement. Je ne comprenais rien, mais j'étais déjà heureux qu'il ait quelque chose à me dire. Malheureusement, ses petits mouvements du regard m'ont indiqué qu'il voulait voir ce que l'on m'avait fait au corps…

FRANCK

Quand j'ai vaguement émergé de mon coma, trois jours avant la visite d'Eric, je n'ai pas bien compris ce que Clém me disait : « Eric t'a fait un don de peau… Tu vas aller beaucoup mieux… » « Eric t'a fait un don de peau », cette phrase n'a pas de sens. Même quand on n'est pas dans le coma ! Je ne savais même pas qu'on pouvait greffer de la peau, jumeau ou pas jumeau, ni même que j'étais brûlé. Le « tu as été un petit peu brûlé » de Clém n'avait aucune réalité dans mon cerveau affaibli. Je n'avais aucun souvenir de l'accident. Tout restait abstrait.

C'est quand Eric est venu me voir pour la première fois après son intervention que c'est malheureusement devenu très clair, disons concret, au moins l'espace de quelques minutes.

Dès qu'Eric s'est pointé dans ma chambre, en tenue de patient bleu marine à manches courtes, avec son crâne d'œuf où les cheveux commençaient à peine à repousser, je ne pouvais que revoir sa tête sur son lit d'hôpital quand il avait eu un cancer, six ans plus tôt. La même. Même si je ne raisonnais pas en remuant des souvenirs précis, c'était une image qui me renvoyait à des moments durs. À l'époque, j'avais été mort d'inquiétude, voyant au fil de la chimiothérapie ses cheveux tomber, puis tous ses poils. Cela avait duré des mois, un peu moins d'un an. Je m'étais rendu à son chevet, à Paris, aussi souvent que possible. On s'appelait sans arrêt. Je ne pouvais alors qu'accuser le destin. La différence, cette fois, c'est que cette tête, c'est moi qui la lui avais faite, j'en étais conscient pour l'avoir entendu : « Eric t'a donné la peau de son cuir chevelu… » Il avait aussi donné la peau de ses deux cuisses et de son dos. Quand je lui ai ordonné du regard, vu que je ne pouvais pas me faire comprendre, de me montrer ses cuisses, il a d'abord essayé de se débiner. Et puis, un peu embarrassé, il a soulevé son pantalon sur ses pansements. C'était de la triche. Je lui ai fait signe de dégainer son portable pour me montrer les photos de ses cuisses en vrai, sans les pansements. Je voulais comprendre ce qu'il avait fait. Il n'avait pas le choix.

Quand j'ai vu les clichés de ses cuisses pelées à vif, en sang, j'ai été submergé par une peine folle. J'ai éprouvé sa douleur par procuration. Une douleur qui me semblait d'autant plus injuste que je n'avais encore aucune conscience des miennes, pas plus que de mon état. Il faut réaliser une chose aberrante : Eric a souffert avant moi ! J'ai pensé : « Il a fait ça pour moi… » J'ai pleuré. Même si son geste était magnifique, ce que son attachement à moi lui avait fait faire était terrible. Je ne pouvais pas savoir quelles séquelles il garderait. Je mesurais son sacrifice, ce qu'il avait enduré par ma faute. Il fallait que je me le pardonne. Heureusement, je disposais d'à peine quelques minutes d'autonomie éveillée. C'était « le bon temps ». J'aurais voulu qu'on me maintienne anesthésié à vie pour ne pas éprouver ce que j'allais éprouver, physiquement comme mentalement.

ERIC

Franck a jeté un coup d'œil sur les photos. Et il a semblé complètement accablé. Même si je m'appliquais à lui dire que ça allait, en frimant un peu parce que j'avais tout de même très mal. Il ne pouvait pas parler, mais il m'a fait le signe de me rapprocher de lui, et sur ses lèvres, j'ai lu les syllabes d'un mot reconnaissable : « Merci. » Et puis il est retombé dans son coma.

En fin d'après-midi, nous sommes rentrés avec Fanny dans le trois-pièces qui venait d'être loué pour une longue durée par Additek, vu le tour que prenait la situation. Et je m'y sentais très mal ! Il était penché comme un bateau, comme beaucoup d'appartements parisiens anciens, avec un plancher en pente qui donnait sur une rue proche du Bataclan. Je le trouvais sale, alors que les filles avaient fait une séance de ménage de fond en comble dès qu'elles avaient eu les clés. Je râlais : « Mais je vais attraper une saloperie, là-dedans ! » En réalité, je crois que tout milieu non stérile m'aurait semblé hostile. En plus, comme les miracles médicaux ne mettent pas à l'abri des petits pépins domestiques, nous avons eu la bonne idée d'entasser toutes nos valises en même temps dans un petit ascenseur qui s'est refermé dessus en se coinçant, nos affaires à l'intérieur. Hugo, le frère de Clémentine, et Nounours ont dû se battre avec un cintre dans les mécanismes d'un système d'un autre âge. Pendant ce temps-là, en haut, je bouillais dans mes bandages, avec Fanny, Emelyne et Clém. Nous nous sommes résolus à appeler le dépanneur, et à peine entrés dans notre navire, Fanny a lancé une machine qui a débordé en moussant sans s'arrêter… Clémentine nous a laissés pour aller chez ses parents, son premier départ de

Paris depuis presque un mois. Le soir venu, j'étais épuisé. Je me suis allongé, comptant bien savourer le week-end qui se profilait : nous allions rentrer deux jours chez nous, nous aussi, et voir enfin notre petit Jules !

À vingt-trois heures, le téléphone a sonné. Notre hantise. C'était l'hôpital.

Ils emmenaient Franck au bloc. Perforation du colon. Ce qui expliquait ses douleurs et diarrhées, option la pire, bien sûr.

Nous étions abasourdis, et Clémentine jointe immédiatement, n'en parlons pas. La perforation du colon, c'est très grave, il suffit de regarder sur Internet. Ce trou dans le colon, dont les médecins n'ont jamais su l'origine, peut être lié au stress récent qui l'avait submergé, ou à un stress latent plus ancien, comme aux médications lourdes et aux multiples infections. Il entraîne une infection du péritoine par irruption des matières fécales dans la cavité stérile. Dans l'état de faiblesse où se trouvait mon frère, elle avait de forts risques d'être fatale. Franck a donc été opéré dans la nuit en urgence par une chirurgienne digestive venue de l'hôpital Saint-Louis général. Mais le problème de la chirurgie sur un brûlé, c'est qu'elle ne se résume pas au problème organique interne, déjà gravissime. Avec un malade ordinaire, le chirurgien ouvre, travaille, et referme en rapprochant les bords de l'ouverture, et voilà ! Mais la peau de Franck était une peau brûlée et greffée, ce qui rendait l'opération particulièrement complexe ! Elle s'en est sortie génialement, et a décidé, en accord avec le professeur Mimoun, de lui mettre une poche, c'est-à-dire qu'on dérive le colon jusqu'à la surface de la peau où son contenu se déverse dans cette poche extérieure. Cela avait le mérite de régler la question de l'évacuation des selles, délicate jusque-là avec quelqu'un de bandé de la tête aux pieds.

À peine sorti de là, Franck a été envahi par le plus gros virus qui existe, le CMV, un vautour qui atteint et terrasse les malades les plus faibles sur le plan immunitaire. Il a été traité avec des doses massives de médicaments. Dès le lendemain, Clémentine revenait de chez ses parents dare-dare, et c'était pour trouver Franck, à peine opéré, avec une thrombose d'une veine jugulaire, c'est-à-dire l'équivalent d'une phlébite au cou, propre à déclencher une embolie en gagnant le cœur. Il a été placé sous traitement anticoagulant puissant. C'était comme si nous étions condamnés à ne jamais reprendre notre souffle.

Le vendredi soir suivant, après deux jours au chevet de Franck, inconscient de la plupart des épisodes qu'il traversait, Fanny et moi sommes malgré tout rentrés à Oresmaux. Après un mois d'absence, nous ne voulions pas faire faux bond à Jules, que les parents de Fanny avaient promis de nous amener le samedi après-midi. À l'heure du déjeuner, j'ai éprouvé l'un des premiers vrais désirs de ma vie depuis mon prélèvement : une gigantesque envie de sushis, que nous sommes allés assouvir sur-le-champ à Amiens. Je ne sais pas si c'est l'angoisse, le séjour à l'hôpital avec ses menus basiques imposés, le fait de revoir la verdure, ma maison, et bientôt mon fils, mais j'ai dévoré ! J'avais enfilé un jean large par-dessus mes bandages aux cuisses, des petits morceaux de pansements encore collés sur les endroits non cicatrisés de mon dos, et je marchais avec des béquilles, l'air d'un convalescent ordinaire. Je ne souffrais plus autant, excepté du dos, mais la peau me tirait et me démangeait, malgré les crèmes ultra-grasses recommandées par les médecins dont je m'enduisais le corps matin et soir. Il ne s'agissait pas de préparations spéciales, mais des crèmes Lipikar et Dexeryl que l'on trouve en pharmacie, sur lesquelles j'allais devenir incollable, bien avant Franck. Je ne me souciais plus de moi, mais de lui, dont on se demandait avec Fanny si ses organes allaient tenir, maintenant que la peau semblait sur la bonne voie. Pourtant, nous nous sommes appliqués à bien accueillir Jules, en nous concentrant sur lui. Il le méritait bien, sage comme il avait été, un mois sans ses parents, âgé d'à peine deux ans.

Quand je l'ai vu arriver, je me suis pris une claque ! Il avait tellement grandi ! J'ai eu la sensation d'être passé à côté d'un long moment de sa vie, ce que je ressentais déjà après une semaine de vacances chez Papi-Mamie, je l'avoue. Bien sûr, quand Fanny avait fait des sauts chez ses parents, elle avait pris des photos, mais c'était spectaculaire. Il marchait mieux, parlait mieux, faisait tout mieux, enfin c'était un petit comme les autres sauf que… c'était mon fils et il m'avait manqué ! En le voyant, je revoyais Franck petit, la même tête que sur les photos. Franck ou moi. Jules avait une pêche incroyable et semblait, par miracle, ne pas avoir oublié son papa ! Ni avoir rien perdu de ce qui se passait. Les grands-parents et Fanny l'avaient bien briefé sur les raisons de notre absence : « Tonton Francky a des bobos, donc les docteurs s'occupent bien de lui. Papa aide Tonton à soigner ses bobos. Il va bien et pense fort fort à toi ! » Ils lui avaient montré des photos de moi rasé, puis les photos les plus engageantes de Franck en train de sourire, pour éviter qu'il ne s'en fasse une image plus traumatisante encore que dans la réalité. Jules était très bien entouré, et bichonné chez Mamie et Papi pour son plus grand bonheur ! Au point qu'en entrant dans la salle de bains le lendemain, au moment où je sortais de la douche, il a observé mon dos et m'a demandé : « Papa, bobo ? » Je lui ai dit : « Oui, j'ai eu un peu bobo. Mais là, ça va, p'tit loup ! » Je m'étais déjà senti mieux tout de même ! Ce week-end de retrouvailles a malgré tout été rongé par l'inquiétude, à laquelle Jules me soustrayait quelques minutes entières de suite – la grâce de l'enfance.

Le lundi, je suis bien sûr reparti à Paris. C'était plus

fort que moi. Franck avait subi une lourde opération, et il ne cesserait pas d'avoir besoin de ma présence, la réclamant dès que je « l'abandonnais » – la sensation que j'avais. Bien sûr, Clémentine était à son chevet, et Nounours, son frère ou ses parents l'entouraient souvent, mais il n'était pas question pour moi de ne pas être à ses côtés, même si elle se défendait d'avoir besoin de moi. Je découvrais quelqu'un d'arrangeant, comme je le suis moi-même, ce qui rendait tout facile et nos relations fluides. Nous nous sentions embarqués dans le même bateau, toujours disposés à nous épauler l'un l'autre, compagne et jumeau, l'un remontant le moral de l'autre quand il flanchait un peu. Fanny m'a bien sûr accompagné à Paris. Elle n'envisageait pas de me laisser tout seul non plus, avec mes restes de pansements à faire et mes propres douleurs, petites bien sûr à côté de celles de Franck, dont on n'imaginait pourtant pas encore l'ampleur. Nous faisions équipe, une nécessité. Il fallait vraiment être solides…

Ce qui m'a frappé en entrant dans sa chambre ce lundi 24 octobre, c'est son visage. Bien plus naturel que le 19, malgré la perforation du colon. Son regard était moins absent. L'équipe médicale avait baissé la sédation et ses yeux n'étaient plus ceux d'un mort-vivant. Pour preuve, Franck se remémore très bien nos échanges du 24, quand ceux du 19 sont restés flous. Ses oreilles, qu'on voyait abîmées la fois d'avant, étaient bandées parce que les croûtes en avaient été grattées. Il avait le crâne fraîchement tondu, le cuir chevelu rosé après un prélèvement quelques jours plus tôt, mais ses écorchures sanguinolentes près de l'œil avaient considérablement cicatrisé et régressé. On ne voyait presque plus de trace de brûlure sur son visage ! Je ne concevais pas encore clairement que cette apparence pouvait changer. On a l'habitude de penser : « Guéri, c'est guéri ! » C'est difficile de comprendre que l'état de grand brûlé fait que l'amélioration et la dégradation de la peau se succèdent durant des mois. Je l'ai fait sourire. Je lui ai parlé, même si la trachéo l'empêchait de me répondre. Je l'ai complimenté, d'autant plus qu'il avait traversé une lourde opération : « T'as une sacrément bonne tête ! » Alors il m'a fait signe de le prendre en photo. Il se souvient très bien de ce moment, quand il en a oublié tant d'autres à cause des sédatifs, comme le fait de m'avoir dès le premier jour murmuré : « Merci. » Mon frère allait donc se voir pour la première fois…

FRANCK

J'étais tout juste lucide, le cerveau embué par des sédatifs surpuissants, immobilisé et « en momie », comme dit Eric, quand je me suis regardé sur le portable. Je n'en ai pas pensé grand-chose, sinon « ça aurait pu être pire… ».

Mon apparence n'avait, pour ce que j'en voyais, rien de spectaculaire. Les oreilles bandées ne m'inquiétaient pas à ce moment. Sans souvenir aucun de l'accident, je n'avais pas la moindre idée de l'état de mon corps. Bien sûr, je n'avais plus de cheveux, effet de la première autogreffe, mais je me souviens avoir été marqué par un détail : j'avais mes sourcils, et c'est ce qui fait le dessin d'un visage. Il m'arrive encore de regarder cette photo. La tête harnachée par la sonde nasogastrique et le tuyau de la trachéotomie, le regard halluciné par les drogues, on me voit sourire. Je me souviens l'avoir fait que parce qu'on me l'a demandé : « Souris. » J'ai obéi. Mais je n'étais pas animé des sentiments ou des émotions qui normalement vont avec. Rien ne voulait plus rien dire pour moi. Et j'ai un souvenir associé très précis, une phrase d'Eric que je n'oublierai jamais, tellement elle m'a semblé incongrue. Il m'a soufflé sur le ton du soulagement : « Ah, enfin ! Je te retrouve ! Je reconnais ma tête ! Tu ne peux pas savoir comme j'ai eu peur que tu ne me ressembles plus ! » Avant de retomber dans mon monde intérieur comme une masse, car je n'alignais que quelques secondes d'éveil très relatif, j'ai pensé : « Qu'est-ce qu'il dit ? Il est cinglé… » Je vivais tout entier à l'intérieur de moi, prisonnier physiquement mais aussi psychiquement, l'abrutissement des anesthésiants étant efficace. Je ne comprenais même pas de quoi il me parlait. C'est tout récemment que j'ai compris la crainte que pouvait avoir Eric, quand j'ai appris de la bouche de Clémentine la fameuse mise en garde du professeur Mimoun, le jour où il a été discuté du don de mon frère pour la première fois : « Vous savez que s'il vit, ce ne sera plus l'homme que vous connaissez, il risque d'être défiguré à vie… » Elle est restée ancrée dans la tête de Clémentine, mais s'est enfouie dans un coin de la tête d'Eric, sans doute parce qu'il lui fallait à ce moment-là la force de me donner sa peau. Se concentrer sur ma survie. Rien d'autre. C'est bien après que j'ai réalisé ce qu'il y avait d'important là-dedans, une question de vie ou de mort entre nous du fait qu'on était jumeaux.

ERIC

Les premiers jours d'éveil tout relatif de Franck, nous n'avions pas la moindre idée de ce qu'il vivait. Il n'était pas assez lucide pour manifester ce qu'il ressentait. Il ouvrait les yeux, il émettait parfois un râle, une larme, un mouvement de lèvres, et épuisé de ne pas s'être fait comprendre, il retombait dans son coma. Dans ce monde inconnu où l'on croyait, innocents que nous étions, qu'il ne se passait rien.

FRANCK

On croit que le coma, c'est le néant. Et on se trompe.

J'ai vécu l'enfer dès l'instant où j'ai quitté le coma profond. Le mot n'est pas exagéré. Les quelques minutes d'éveil étaient intolérables, de souffrance psychologique d'abord, liée à la kétamine et au sufentanil, opioïdes fortement hallucinatoires, et quand les doses de morphiniques et autres ont été diminuées, intolérables de souffrance physique. Quand je grimaçais ou râlais, ce n'était pas toujours de douleur, mais souvent de terreur. Quand je retombais en apparence dans l'anesthésie totale, ce n'était pas un écran blanc mais des films d'horreur qui se déroulaient sous mes yeux. Si je devais résumer le coma par une seule idée, je dirais que c'est beaucoup de peur.

Chacun peut se représenter la seule position dans laquelle j'étais quand je me suis réveillé.

Entièrement bandé, comme ligoté, j'étais enfermé sur mon lit. J'ai repris conscience en ayant les bras et les jambes emballés, calés sur des gouttières en mousse pour éviter au maximum le contact et le mouvement, le bas du corps surélevé pour limiter les problèmes de circulation. J'étais coincé presque assis dans mon lit, position dans laquelle je dormirais pendant des mois. J'avais les doigts écartelés vissés par les os dans des fixateurs, depuis qu'ils avaient été opérés des articulations, grattés et un peu greffés, emballés chacun d'une moufle de bandages. La raison de cet appareillage posé dès le sixième jour est que les doigts, pour remplir leur office de pince, ont besoin d'une extension possible de peau, d'où les petits plis que l'on a sur les phalanges. Favoriser la repousse de l'étirement maximal de la peau est donc capital, d'où les doigts disposés en position « crochets ». Dans le nez, je sentais la sonde gastrique. Dans la bouche, j'avais le gros tuyau de l'intubation, qui ne me permettait même pas de la refermer. Encore moins de parler. Les glaires qui envahissaient ma bouche en permanence, remontant de mes poumons abîmés, m'étouffaient. Bien sûr, on me les aspirait, mais il n'y aurait jamais assez d'aspiration tellement la sensation m'étranglait. Alors, imaginez que vous émergez défoncé par les anesthésiants dans cette position, en ne vous souvenant de rien, en ne comprenant rien, le tout par une température de 28-30° accentuée par l'ensevelissement sous d'étroits bandages, évidemment, vous avez peur. C'est un faible mot. Même dans mes cauchemars, je n'aurais pas osé l'inventer. Tout avait commencé quelques jours plus tôt, sitôt l'œil ouvert.

Mes premiers visages, ce sont ceux de Clémentine et des infirmiers puisque Eric était sur son lit de douleur, en secteur 3, le veinard ! Je me souviens plus particulièrement d'un soignant à lunettes, qui a dû quitter le service avant que je reprenne vraiment conscience, qui était-il ? Je me souviens aussi des premiers mots de Clémentine, qui me répétait doucement : « Ne t'inquiète pas, tu es à l'hôpital, tu es à Paris, tu as été un petit peu brûlé. » Un petit peu… J'écoutais ça et je repartais dans mon coma. J'ai entendu ensuite : « C'est mon anniversaire demain… », ce qui me permet de dater mon éveil au 16 octobre, Clémentine étant née le 17. J'ai entendu aussi : « Eric pense fort à toi, il est tout près dans sa chambre, parce qu'il t'a donné sa peau. » Heureusement que cette dernière phrase n'avait pas encore de sens car tout élément du réel atterrissait dans un cauchemar. J'aurais eu la matière idéale pour un délire de plus, et je n'étais pas en manque d'inspiration. Mon cerveau était un moulin à fabriquer des scénarios fantastiques, tous plus terrifiants les uns que les autres, par l'effet des drogues.

Dans mon monde intérieur, les visages revenaient déformés, les traits distordus, avec la bouche à la place du front. L'homme à lunettes me pourchassait pour me tuer. Il attendait la nuit pour arriver avec une armée de complices du double sas dont j'avais conscience sur ma droite. J'entendais les portes glisser. Ils s'installaient derrière moi, là où dans la réalité se trouvaient des machines, des pousse-seringues, l'ordinateur, dont les bruits devaient me faire peur, et ils préparaient leur mauvais coup. On voulait me tuer parce que me soigner coûtait trop cher. On voulait me tuer parce que j'étais une tache dans la vie de mon entreprise. Une raison nouvelle par nouveau cauchemar aboutissait à ma mort. On voulait me tuer parce que j'étais un témoin à éliminer, notamment de scènes imaginaires de violence, alimentées par ma pratique des sports de combat, autrefois sources pour moi d'apaisement. Des brancardiers, inconnus car je n'avais aucun souvenir de brancardiers moi-même, se battaient, et m'apercevant soudain, ils se dirigeaient droit sur moi, m'attachaient à un diable, et me scotchaient les yeux pour que je ne regarde pas. J'attendais qu'ils me suppriment. Les scénarios se multipliaient à l'infini. Ce qui est troublant, c'est que j'avais bel et bien eu les yeux scotchés, du temps où je n'étais absolument pas conscient, dans le coma artificiel. J'avais également eu la tête attachée par un morceau de bandage à un montant de mon lit, à ce moment-là… Il en était resté quelque chose. Comme quoi le coma, c'est autre chose que rien. Et quand je partais dans mon monde, mes proches croyaient que les sédatifs avaient eu raison de moi et que je dormais. Mais hélas…

Je ne pouvais pas voir le sol. Je ne voyais que le plafond, en forme de parapluie parce qu'il abritait le système de ventilation et de climatisation. Dans mes hallucinations, ce plafond creux octogonal devenait une toile d'araignée et l'on me propulsait à deux centimètres du plafond pour m'y écraser. Je restais là longtemps, le visage collé sur les baleines, à attendre le moment fatal.

Terrorisé. Souvent, j'étais enfermé dans un tunnel, avec des araignées mortelles. Quand on bougeait mon lit, j'étais bouclé dans un tramway lancé à toute vitesse, qui faisait des boucles et s'arrêtait net, collé à deux centimètres d'un mur, et à peine revenu à mon lit, c'était reparti pour un tour, jusqu'au mur, et ainsi de suite. Quand on remuait l'un des tuyaux dans ma bouche, la sensation se transformait en tentative de strangulation. J'avais la sensation de vivre sur le qui-vive alors qu'en apparence, aux yeux des autres, j'étais inerte.

Même la musique que j'aime tant alimentait mes délires. Normalement, j'en écoutais dès que je me réveillais. J'enfilais le casque avant d'aller travailler. J'ai toujours refusé de me séparer de mes cinq cents CD alors qu'Eric a vendu tous les siens et que je suis sur Deezer. Au début, mes proches me mettaient mes morceaux préférés, pensant me faire plaisir, du rap, notamment belge, du rock, The Strokes, Nekfeu, Kerry James, mais le rap à texte que j'aime devenait un rap de Blacks qui se cognent avec une scène assortie. S'ils me faisaient écouter une ballade tranquille avec de la guitare, je repartais dans mon coma propulsé dans un genre de fête de hippies, à laquelle on ne voulait pas que j'assiste. Ils m'installaient à l'écart d'eux, m'attachaient de partout, me bâillonnaient et me scotchaient les yeux, une fois de plus, pour ne pas que je voie. Tout revenait au même message : toi, tu n'as pas le droit de participer à la vie, de parler, de regarder. Tu n'as pas le droit d'être là. Donc on t'enferme. On t'attache. Et on attend que tu meures.

Les visages de mes proches aperçus à mon chevet faisaient leur vie, une tout autre vie que la vraie. Le Papou était venu à mon chevet ? Je me retrouvais avec lui à l'aéroport et il disait : « Je viens d'arriver en avion. » Après, nous allions dans une grosse fête en mon honneur à Berteaucourt-lès-Thennes, à la salle des fêtes où j'avais organisé « dans la vraie vie » une petite soirée d'anniversaire pour Lucie et sa cousine, quelque temps plus tôt. Tout le monde dansait, le Papou portait un chapeau de cow-boy, ce qui était arrivé dans une autre soirée encore. Mais on m'immobilisait à nouveau sur un diable. La fête, je n'avais pas le droit d'y participer. Dans ce cauchemar-là, je n'étais pas seul contre des ennemis mais tenu à l'écart. Souvent, je criais. En silence. Surtout la nuit. Je hurlais : « Laissez-moi la sonnette ! » Pour pouvoir me défendre ou me libérer. Mais aucun son ne sortait. Et je n'étais pas capable d'appuyer sur une sonnette, cela va de soi, avec mes mains bandées vissées sur les fixateurs.

Je restais tout seul. Et j'avais peur. Je savais qu'on viendrait me tuer.

Contrairement à ce que l'on pourrait croire, le seul domaine qui échappait à mes hallucinations, c'était le feu, les flammes ou les explosions. Rien. L'accident avait laissé comme un écran blanc, sur lequel mon imagination sous influence projetait ses délires.

La douleur… Qu'est-ce que je peux dire de la douleur, m'envahissant progressivement au fil de la diminution des doses de drogues ? Elle était d'une force que vous n'avez jamais vécue et qu'heureusement, peu de gens auront à connaître au cours de leur vie. Je ne peux pas la décrire. C'est inconcevable.

Ce dont je peux parler, c'est des conséquences que j'en tirais. La conclusion s'est imposée dès que j'ai repris conscience. C'est à Clémentine la première que j'ai fait comprendre par le mouvement de mes lèvres, dès qu'on s'est retrouvés tous les deux : « Je veux mourir. Tue-moi. »

C'était mon obsession. Je la soufflais souvent, à Clém, mais aussi à Fanny, à Nounours, vainement à travers ma trachéo, en articulant des lèvres avec mes maigres forces : « Je veux mourir, tue-moi. » Ils semblaient ne pas me comprendre. C'était tellement dur pour eux, pour Clém en particulier, alors qu'elle avait cru ne jamais me revoir prendre conscience, ne jamais me revoir vivant, qu'elle a cru se tromper. Elle s'est dit : « Je délire. Je deviens folle. Je suis fatiguée, j'ai craqué. » De leur côté, Fanny et Nounours gardaient le silence, refusant de lire sur mes lèvres ou préférant penser qu'ils avaient mal compris. Puis, pour la énième fois, Clém a pris son courage à deux mains et elle est allée demander à Fanny si elle aussi avait entendu quelque chose. Alors elles sont revenues toutes les deux dans la chambre pour s'en assurer. J'ai répété une fois de plus : « Je veux mourir, tue-moi. » Fanny a dit à Clémentine : « Tu as bien compris, c'est bien ça… Je suis désolée… » Le doute n'était plus permis. Clém ne pouvait plus se dire qu'elle avait mal entendu. Alors Clém m'a dégainé sa réponse, une réponse qu'elle avait longuement mûrie. Parce que dans un coin de sa tête, elle savait, bien sûr, ce que je lui demandais.

Déterminée et en colère, elle m'a fait une très longue déclaration d'amour en forme de sermon. Elle m'a dit qu'elle m'aimait, qu'il fallait que je me batte et qu'elle ne voulait plus entendre que je voulais mourir ! Disons que je me suis fait engueuler. Plusieurs fois au milieu de son exposé, elle voyait que je repartais dans mon coma, alors elle me secouait gentiment : « Tu m'écoutes, Franck ! » Ses mots avaient l'air de me passer très loin au-dessus, je gardais les yeux mi-clos ou fermés, et quand elle a eu fini, elle m'a dit : « Tu as compris ? Bien compris ? » J'ai fait non de la tête. Alors elle a recommencé. J'avais l'air aussi peu intéressé, ce qui la mettait toujours au désespoir, mais elle est allée jusqu'au bout, toujours aussi fermement. C'est là qu'elle a lu sur mes lèvres : « Je t'aime. » Et je suis retombé dans ma léthargie. C'était la première parole douce qu'elle entendait depuis le 26 septembre. Elle a souvent repensé à ce court instant quand elle manquait de courage. Je n'en ai gardé, moi, aucun souvenir.

Ce que je retenais, c'est que tous s'écartaient de mon visage quand je parlais, l'air de ne rien avoir entendu, et quand j'ai été sûr que Clém m'avait bien compris, elle refusait de me rendre ce service. Quant à Eric, il n'était même pas à mes côtés pour m'aider puisqu'il avait « donné sa peau ». Pour que je vive ! Un comble, au fond.

ERIC

« Je donnerais ma peau pour qu'Untel vive », c'est une expression toute faite, et une image vide de sens puisque personne ne risque de passer à l'acte à moins d'être le jumeau, mais moi, je l'avais vraiment fait pour mon frère. Alors Franck a bien fait de ne jamais me dire « Tue-moi » quand je l'ai revu ! Mais il ne s'est pas privé de souffler : « Je veux mourir », quelques jours plus tard, comme chaque fois qu'il serait très déprimé. Je le guidais : « Projette-toi dans l'avenir ! Vois plus loin que l'instant ! » Il me répliquait : « Tu ne te rends pas compte, tu ne sais pas ce que je vis… » Je devenais plus ferme : « Tu ne peux pas dire une chose pareille ! Tu ne vois pas ce que j'ai fait pour toi ? J'ai souffert, moi, pour toi ! » Il répétait : « Eric, tu comprends pas… » C'était dur à entendre. Très dur.

FRANCK

Faire de la peine aux autres en mourant, je vais le dire crûment, mais on s'en fout complètement. L'important, c'est que ça s'arrête. Je crevais de peur, et la douleur indescriptible s'est immiscée dans la peur, tout tournait, tout ce qui hantait ma tête était horrible. Puisque personne ne voulait m'aider, j'ai essayé de me suicider. Je n'avais qu'un moyen : couper ma respiration. Mais il y avait cette saloperie de respirateur, et on ne meurt pas comme ça. Je faisais des mouvements de bascule surhumains de mon corps pour arracher tous mes tuyaux, avec une énergie venue d'on ne sait où, mais mes mouvements se trouvaient limités à cause de mes mains vissées dans les fixateurs. Je sombrais d'épuisement avant de m'y employer à nouveau, si souvent et violemment que j'ai une fois fini la bouche en sang, déchirée par le tuyau. Mes proches ont assisté à cette scène épouvantable. Je menaçais de tout arracher. On a fini par m'attacher. En vrai. Mes cauchemars s'en sont trouvés alimentés. Par un tour de passe-passe de mon cerveau, je ne pouvais qu'en être convaincu : on voulait m'arracher à la vie.

Clémentine m'a raconté quelque chose que j'ai complètement oublié. C'est qu'il m'est arrivé de tenter de me redresser en mobilisant toutes mes forces pour lui souffler : « Dégage ! » Elle croyait mal entendre. Elle me faisait répéter et je répétais. Alors elle me disait : « Tu veux dégager d'ici ? » Je répliquais : « Non ! Dégage, TOI ! » Ensuite, j'ai effectivement voulu m'en aller. C'est vers la fin octobre que j'ai demandé quel jour nous étions. Depuis combien de temps j'étais là. Quand on m'a dit un mois, je suis devenu fou. Un mois ? Mais pourquoi on me gardait ? Du coup, j'éructais en un souffle muet : « Emmène-moi ! Je veux me barrer ! » Elle me disait que ce n'était pas possible, que je devais guérir. Je me sentais retenu de force, faute de cerner mon état. Et pourquoi elle ne voulait pas que je sorte tout de suite ? Est-ce qu'elle était complice des médecins ? Je lui en voulais. J'avais le cerveau dans un tourbillon, englouti en permanence par le gouffre de mes visions terrifiantes, alors je ne sais pas ce que j'ai pu lui dire, à Clémentine. Mais je sais que j'ai été cruel avec elle. Bien malgré moi. Au point qu'un jour, un peu plus tard, le professeur Mimoun, dont je commençais à imaginer qu'il était un allié et qu'il tenait à moi puisqu'il passait tous les jours avec son bon sourire en donnant des consignes pour mon confort à droite à gauche, m'a soufflé : « Il faudrait être plus gentil avec Clémentine… Parce qu'elle est formidable, votre fiancée, vous savez ! »

Les médecins s'occupaient beaucoup de l'état psychologique de mes proches. Ils savaient que ma survie reposait sur leur capacité à tenir eux-mêmes. Le docteur Ferry, notamment, leur demandait souvent : « Ça va ?

Vous tenez ? Il faut dormir, il faut manger », etc., des conseils de base qu'ils avaient effectivement tendance à négliger. Clémentine s'est vu proposer de rencontrer la psychiatre du service, mais elle n'en a pas reçu le secours espéré. La psychiatre lui a expliqué que c'était très mauvais de me donner espoir, de m'encourager, elle lui a conseillé de moins me rassurer et de m'accompagner de façon plus maternelle, alors Clém en est sortie désespérée, en se disant qu'elle faisait tout de travers. Sauf que tout bien réfléchi, elle ne se sentait pas du tout ma mère, elle a continué à estimer que la vie et ce que son instinct d'amoureuse lui commandait, c'était mieux que ce que l'on trouvait dans les livres, plus utile que ce qu'elle aurait dû faire « en théorie ». Elle avait raison. J'aurais été incapable de supporter la vérité. La vérité, c'était que j'endurais peut-être l'enfer pour mourir à la fin, que j'allais subir la torture physique et mentale des mois, aller passer des mois en centres de rééducation, traverser plus d'un an de soins et tortures diverses, garder des séquelles physiques et esthétiques. Parce que je n'étais pas « un peu brûlé », mais quasiment complètement ! Déjà que je voulais mourir…

Des « bons » souvenirs, j'en ai. C'était les premières secondes, quand une infirmière me remettait un bolus, un shoot supplémentaire de drogue. De quoi me sortir de la conscience psychique. J'y avais droit toutes les deux heures, en plus de la sédation à assommer une bête, la kétamine en continu étant un anesthésiant vétérinaire pour les gros animaux, en plus d'être consommée par les junkies américains. Je m'agitais pour en réclamer sans arrêt. Il est arrivé que je ne ressente pas l'accalmie espérée et l'on m'a expliqué plus tard m'avoir quelquefois envoyé de l'eau pour faire diversion. Quand j'ai été plus lucide, je regardais l'heure et tolérais mal une minute de retard. On ne me sédatait pas davantage parce qu'il fallait que mes fonctions vitales fonctionnent un minimum, se remettent progressivement en route, que je ne reste pas toxico. Mais je ne savais pas que l'on pouvait souffrir à ce point sans en mourir.

ERIC

Plus Franck émergeait, plus on a vu sa souffrance, même sans qu'il la formule. Le trou de la trachéotomie étant pratiqué avant les cordes vocales, il ne nous parlerait véritablement qu'en décembre. Mais nous avons appris à le comprendre. D'octobre à décembre, nos journées à tous au chevet de Franck ont été des journées de travail, où Clémentine, Fanny et moi, du début de l'après-midi à vingt-deux ou vingt-trois heures, Nounours très souvent avec nous, étions transformés en secouristes en alerte pour le soulager autant qu'on le pouvait. Il y avait des choses qu'il n'avait pas besoin de dire, les glaires dont sa bouche s'emplissait par exemple. Parfois, il toussait. On sortait des « trucs » pas possibles en épongeant avec une compresse, je suis désolé pour les détails, mais c'est aussi ça, le quotidien de la brûlure. Bien sûr, il y avait des infirmières, mais on ne pouvait pas les appeler sans arrêt. Petit à petit, même si c'était interdit, j'accomplissais ce geste médical qui consiste à aspirer avec un tuyau dans sa bouche, voire par le trou de la trachéotomie très délicatement, seul moyen efficace. C'était réservé aux infirmières, même pas aux aides-soignants, mais l'humain l'emporte parfois sur le règlement, et j'avais assez observé le procédé, qui demandait de tout bien désinfecter au préalable. Franck réclamait sans arrêt qu'on le fasse. On a pris aussi l'habitude, quand l'une des seringues sonnait pour indiquer qu'elle était vide, d'appuyer nous-mêmes sur « mute » pour ne pas se faire démolir les oreilles pendant trois minutes, et on allait prévenir l'infirmière. Clémentine comme moi, nous intervenions beaucoup auprès des médecins ou du personnel soignant, pour demander pourquoi tel truc n'avait pas été fait, dans la seconde où cela aurait dû, ou pourquoi on faisait cela. Fanny et Nounours, d'un tempérament moins impulsif, essayaient de temporiser, mais ce n'était pas dans nos caractères. Sans doute qu'ils avaient la bonne attitude, mais nous ne pouvions pas nous en empêcher. Parfois, nous avons dû être pénibles pour rien, et d'autres fois, nous avons sans doute fait activer les soins. On ne laissait rien passer. La sonde nasogastrique qui l'alimentait le rendait fou. Il secouait la tête pour s'en dégager autant que son peu de mobilité le lui permettait. On essayait, comme le personnel médical, de la placer au mieux, dessus, dessous, scotché, sans solution parfaite. Rien ne pouvait aller, de toute façon, et tout le monde, même les soignants, tâtonnait sur le plan du confort, variable selon les patients.

Pour une raison qui nous échappe, le personnel soignant n'avait pas le droit de couper les ongles, un geste basique considéré comme à risques, à cause des coupures possibles, donc Clém ou moi nous en chargions aussi, pour les pieds évidemment, ses mains restant bandées. Nous lui massions la tête et les pieds avec des crèmes, des huiles, pour mobiliser les tissus et éviter les œdèmes. On lui enduisait de vaseline les traces de brûlure ensanglantées qui réapparaissaient régulièrement autour de son œil droit, un jour là, un jour ici, c'était incompréhensible pour nous, mais c'était le reflet de son état général, le fameux « feu » qui court toujours, bien après l'incendie. Franck appréciait visiblement ces bons soins. Et puis soudain, il nous faisait signe d'arrêter. Les massages lui donnaient chaud, son problème numéro un. Il marinait sous ses bandages humides et gras par une température aux alentours de 25° en moyenne, mais le vrai risque était l'hypothermie. Nous mettions des gouttes dans ses yeux déshydratés par l'atmosphère chaude et ventilée. On le voyait parfois s'agacer du souffle de la clim, alors on plaçait devant lui, pour faire écran, l'un des projecteurs géants, comme des projecteurs de cinéma, qui se trouvaient dans sa chambre, destinés aux moments où celle-ci devait se transformer illico en bloc opératoire. Et puis d'un coup, il voulait du vent. On lui en faisait, en agitant de grands cartons autour de son visage. On recalait en permanence ses membres avec les boudins et coussins, qui servaient à minimiser leur contact avec le matelas. Sur l'unique fauteuil de la chambre, il y en avait un stock à disposition, leur installation variant selon ses vagues indications. Tout brûlé est un cas particulier et le service avait l'habitude d'adapter l'infrastructure, mais avec un brûlé à 95 %, la douleur est permanente et totale, alors membres recalés ou pas… On assiste, dans tous les sens du terme. À la fois dans l'aide et dans l'impuissance face à la réalité.

Autorisés à n'être que deux visiteurs dans la chambre, nous étions toujours debout à nous affairer autour de lui. De toute façon, c'était ça ou rester assis à ne rien faire sur un tabouret, l'unique fauteuil étant jonché de matériel. On sortait de nos sept à huit heures à l'hôpital, le dos brisé, la vie usée, le cœur aussi, même si nous allions souffler parfois dans la salle d'attente ou à la cafétéria de Saint-Louis pendant que deux autres prenaient le relais. Comprendre ce que voulait mon frère réclamait beaucoup d'énergie parce que la trachéo l'empêchait de parler vraiment. Notre sauveur, c'était Nounours. Comme il est malentendant et appareillé d'une oreille, il a développé une aptitude à lire sur les lèvres comme personne. Il nous traduisait ce que réclamait Franck : le coussin plus à gauche, plus à droite, etc. Quand le précieux Nounours n'était pas avec l'un de nous, on voyait Franck froncer les sourcils, parfois s'énerver, nous faire signe « non c'est pas ça ». En même temps, nous allions devenir de plus en plus « bilingues » ! Quand on « avait bon », le soulagement s'affichait sur son visage. Un soulagement tout provisoire. Franck était dans la demande, en permanence, et uniquement dans la demande. On ne pouvait pas le lui reprocher, mais quand on sortait tard le soir, on était épuisés. Nos gestes étaient une chose, mais tout se faisait surtout sur fond de tension psychologique intense. Voir souffrir quelqu'un, c'est terrible. Surtout quand on n'est pas sûr de le sauver.

Il n'y avait qu'une chose que l'on faisait semblant de ne pas entendre, c'étaient ses demandes de drogue. Jamais nous n'aurions touché la pompe qui gouvernait la colonne de seringues d'anesthésiants, morphine, kétamine, sufentanil, sans parler des anxiolytiques le jour, et des somnifères la nuit. On risquait de faire des erreurs en intervenant. Franck était obsédé par le niveau des seringues. Il murmurait, au départ en un souffle et simplement un mouvement de lèvres : « Où en est la pompe ? Y en a encore ? Appelle-les ! » La prière continuerait quand il pourrait mobiliser ses cordes vocales. Il était obsédé par les fameux « bolus » administrés quand il souffrait visiblement vraiment trop, ces shoots d'un bon coup de drogue. Cent fois de suite, il pouvait demander : « Qu'est-ce qu'ils font ? Qu'est-ce qu'ils font ? » Comme un camé, tout simplement. Plusieurs semaines plus tard, Mickaël, l'un des infirmiers, m'a raconté que Franck lui avait dit : « Je veux de la bonne ! De la pure ! » Il adorait ça. Il a précisé : « T'inquiète pas, il délire sous l'effet des drogues... » Et si seulement cela avait suffi...

FRANCK

Franchement, je le sais, j'ai été ce qui s'appelle « un chieur ». Mais mes proches, c'étaient les seuls à qui je pouvais demander des choses en continu, dire « j'ai mal », gueuler, réclamer. Je passais mon temps à leur demander de gonfler et dégonfler mon matelas « spécial brûlés », un matelas formé de boudins qui n'étaient pas solidaires et comportaient chacun une valve indivi duelle : « Un peu moins sur les mollets », « un peu plus sur les lombaires ». Je les ai beaucoup sollicités. Je me souviens des huiles, des massages, mais encore plus des compresses d'eau qu'ils me mettaient dans la bouche. J'avais toujours détesté la chaleur, mais dans cette atmosphère à 28 °C, voire 35 °C un jour sur deux, enseveli sous mes bandages, je crevais, et de chaud et de soif. Je ne pouvais pas déglutir, alors ils m'humidifiaient la bouche, et pas avec l'eau de la carafe que j'estimais trop tiède. Je réclamais : « Fraîche ! Fraîche ! » Ils faisaient des allers-retours au robinet. Je finissais par bouffer la compresse qu'ils devaient m'arracher de la bouche. Ils m'épongeaient le front. Ils me graissaient le visage pour que la peau me tire moins. Ils me vaporisaient avec le brumisateur. Je n'avais qu'un désir : « De l'air, de l'air ! » J'aurais donné n'importe quoi pour recevoir le souffle de l'air extérieur, mais j'étais enfermé dans mon corps, lui-même enfermé dans un bunker dont l'ouverture de fenêtres n'était même pas possible. Et la chaleur culminait à la sortie des pansements.

Les pansements étaient faits une fois la chambre surchauffée entre 32 °C et 35 °C, moi sous Propofol, c'est-à-dire anesthésie générale, avec un chirurgien pour gratter les plaies, laver, désinfecter, etc., et un anesthésiste-réanimateur, auxquels se joignaient une armée d'infirmiers. Travailler dans ces conditions pendant trois heures, c'est le moment de souligner que c'est réservé aux héros. Il paraît que le personnel est tellement éprouvé lui-même qu'il a souvent des maladies urinaires par manque d'hydratation s'il n'est pas très prudent. Quand ils sortent de là, ils boivent un litre d'eau d'une traite. Une fois tous les deux jours, quand ils m'extirpaient des bandages vers neuf heures du matin, faute de barrière thermique, ma température chutait dangereusement malgré la chaleur de la pièce. On me plaçait sous une couverture chauffante. Mais quand je me réveillais, vers treize heures, je pouvais avoir 40 °C, j'étais en nage, baignant dans mes bandages, avec une sensation de mariner dans mes plaies, la chair ayant été remise à vif. Au bout de deux heures, quand le Propofol ne faisait plus effet, c'était insoutenable. Le corps me démangeait, la sensation de brûlure ne me quittait jamais. La température de la chambre n'était vraiment redescendue, si l'on peut dire, que vers vingt-deux heures. Et le surlendemain, on remettait ça.

Il m'arrivait encore de délirer, de voir les infirmiers installer une table de pique-nique, pensais-je à cause de tous les linges blancs étalés sur la table, et de me dire : « Tout de même, ils sont gonflés, on fait bien la fête pendant que je souffre ! » Il m'arrivait aussi d'avoir de la fièvre à cause des multiples infections, ce qui aggravait la sensation de chaleur et une forme de délire. Voilà ce que fut ma vie dans la chambre 11, qui durerait des mois, jusqu'à ce que j'en sorte, à la fin du mois de janvier. Je me demandais quand cet enfer s'arrêterait. Pour autant, je n'imaginais pas être en danger. Dès mon réveil, j'ai été sûr de vivre parce que personne ne me disait le contraire. Je voulais juste arrêter de souffrir et qu'on me sorte de là, qu'on m'enlève les tuyaux, qu'on me libère, déjà les mains, maintenues dans de grosses moufles et de sales armatures. Qu'on m'emmène à l'air libre !

ERIC

Au piquet sur nos tabourets, on dégoulinait de chaleur aussi sous nos blouses stériles quand c'était jour de pansement, avalant des litres d'eau hors de l'étroit champ de vision de Franck. C'était le moins que l'on puisse faire pour quelqu'un au sujet de qui les médecins continuaient de dire : « On ne peut pas se prononcer. » À juste titre, puisque le 3 novembre, en entrant dans la chambre de Franck, on a reçu un choc. Son visage était constellé de grosses tâches de brûlures ensanglantées et son teint marbré de rose, le crâne sous les bandages puisque son cuir chevelu venait d'être à nouveau prélevé. Une régression totale liée à la dégradation de son état général, sans que l'on sache lequel avait entraîné l'autre. On nous avait pourtant prévenus que tout pouvait arriver…

Deux jours plus tard, j'étais à peine entré dans la chambre que j'en suis sorti pour me précipiter vers Clém dans la salle d'attente : « Mais qu'est-ce qu'il a ? » Clémentine n'avait rien noté de spécial. J'étais complètement paniqué : « T'as pas vu qu'il avait une joue gonflée comme celle d'un hamster ?! » En réalité, il était attaqué par une saloperie qui se manifeste extérieurement d'un coup, et Clémentine n'avait rien pu remarquer une heure plus tôt. Le docteur Ferry lui a diagnostiqué instinctivement une parotidite, confirmée rapidement, encore une pathologie dont on découvrait l'existence. C'est une infection d'une glande salivaire de la joue, qui s'obstrue, entraînant l'infection de la salive stagnante. L'infection avait essaimé dans tout le tissu sous-cutané de son visage. C'était gravissime. Franck a été traité par antibiotiques, mais le 8, je recevais encore un coup en arrivant. Les blessures rouges sur ses deux joues étaient sanguinolentes, gagnant la paupière jusqu'à la déformer sur le côté droit. On avait relevé son buste par un coussin, rétabli la respiration assistée, pour voir… Du côté médical comme du nôtre, tout le monde « bricolait », suivant des intuitions, des pistes, de vagues indications de Franck lui-même, très affaibli. Il n'y avait pas de mode d'emploi. La conscience de son état très précaire et ma propre remise sur pied commençaient à me faire ressasser une idée fixe : pourquoi ils ne me prélevaient pas à nouveau ?

Le prélèvement, si je peux oser une comparaison audacieuse, c'est un peu comme une bonne cuite. Le lendemain, on se dit « plus jamais ». Et puis le souvenir s'estompe, et une semaine plus tard, on reboit un verre, plus raisonnablement. Mon cuir chevelu, en un mois, avait largement eu le temps de cicatriser. J'étais déjà présentable au bout de huit jours. Et c'est vrai que ce n'était pas si douloureux, comparé au reste. Me faire prélever à nouveau le dos et les cuisses, ce n'était pas envisageable, même si je commençais à bien cicatriser. Les visites de contrôle se faisaient sans prise de rendez-vous puisque je vivais au milieu des médecins et des infirmiers qui m'avaient opéré et suivi. Ils jetaient parfois un coup d'œil au passage en m'alpaguant dans le couloir et se montraient contents de moi. Il ne me restait plus qu'un pansement, celui de la cuisse droite, la récalcitrante qui avait saigné dès le lendemain du prélèvement. Quant au don de peau des jambes et des bras, je le savais d'une surface moins intéressante et surtout, le professeur Mimoun et son équipe avaient fixé cette limite : pas de prélèvement aux endroits très visibles, on ne me demandait pas mon avis. Très vite après ma cicatrisation du crâne, dès la fin octobre, j'avais eu l'occasion de me proposer à nouveau pour le don auprès de Sandrine, la kiné. Ils m'avaient dit qu'on pouvait prélever jusqu'à cinq fois le cuir chevelu, autant que cela ne reste pas une parole en l'air !

J'étais en train d'attendre dans la salle d'attente du service où l'on prendrait mes mesures pour faire confectionner les gaines de compressifs adaptés à mes cuisses quand je lui en ai touché mot. C'est une femme géniale, qui n'a pas hésité à m'écouter au pied levé : « Viens, on va en parler deux minutes dans mon bureau. » Je lui ai expliqué mon point de vue : Franck, on lui avait déjà prélevé deux fois le cuir chevelu. Son processus de cicatrisation mettait au moins deux fois plus de temps que chez moi, tellement son corps était à bout. En plus, moi, on pouvait me prélever tout le crâne, un « casque » de peau, tandis que Franck avait un bobo derrière la tête, il y avait donc une perte de surface. Quand on lui bandait la tête, on le privait de sa seule soupape de respiration cutanée naturelle, du seul endroit qu'il avait à l'air en dehors de l'encadrement du visage. Moi, j'étais en bonne santé. La seule marque qui restait de mes deux interventions, c'est que j'avais perdu huit kilos. À l'hôpital, j'avais moins mangé, et j'avais aussi perdu du muscle à cause de semaines de sédentarité au chevet de mon frère, comme de l'interruption de mes activités sportives, évidemment. Le stress et la tension avaient achevé de me ronger. Mais j'étais bien décidé à me retaper, et pour commencer, je mangeais comme quatre ! Je me sentais d'attaque. Sandrine m'a dit : « Je vais le faire savoir, et ne t'inquiète pas, ça ne va pas tomber dans l'oreille d'un sourd… » J'en avais aussi parlé aux infirmiers, aux médecins. Sans réponse. Je crois que la hantise du professeur Mimoun et de son équipe, c'était que je puisse ressentir la moindre pression. Ce n'était pas le cas. C'était plutôt l'inverse. Devant l'état de Franck, j'étais prêt, moi, à leur mettre la pression quand le professeur Legrand m'a enfin convoqué dans son bureau, où j'ai trouvé le docteur Benyamina. On était le 9 novembre. Je le sais parce que j'avais déjà en poche mon billet de retour pour Longueau, la gare proche d'Oresmaux, pour le 10 novembre.

Ils m'ont écouté expliquer que je ne voulais pas qu'on abîme encore mon frère dont on envisageait le troisième prélèvement de cuir chevelu, ou alors pas tout seul. Dans la foulée, j'ai rediscuté avec le professeur Mimoun, qui y a été favorable, parce que Franck était à bout. Ensuite, j'ai rencontré Kévin, le chirurgien qui se chargerait de faire la pose avec le professeur Mimoun et toute son équipe. Kévin, c'est le docteur Kévin Serror, mais il était tellement jeune avec une allure tellement cool qu'on l'a tout de suite appelé Kévin. Au début, c'était un peu difficile de devoir nouer en vingt-quatre heures une nouvelle relation de confiance avec un autre chirurgien que le docteur Malka, mais les équipes tournent, c'est comme ça. Et j'étais bien convaincu que je n'avais affaire qu'à des artistes ! Les choses se sont enchaînées naturellement, sans stress, et ils m'ont dit : « OK, on te re-prélève demain », comme on se serait dit « OK, on va se balader demain ». C'était incroyable de fluidité. J'ai appelé Fanny : « Je ne vais pas rentrer demain, ma puce. Je passe à nouveau sur le billard, pour le cuir chevelu. » Elle m'a dit : « C'est bien, Loulou. Fais ce que tu as à faire. Je m'occupe de Jules. » Parfaite.

Cette fois-là, au réveil, je n'ai pas fait un « bad trip » parce que j'avais imploré : « Pitié, surtout, pas la kétamine ! » À la place, j'ai fait un « speed trip » lié à l'autre produit. J'étais une pile, obligé d'appeler la « petite Marie », une aide-soignante adorable, pour me couper ma cuisse de poulet tant la fourchette et le couteau échappaient à mes mains tremblantes. Je n'étais même pas capable de répondre au téléphone, les doigts trop agités et imprécis. J'étais à fleur de peau, hypersensible, d'autant plus que je n'avais pas épargné l'autogreffe à Franck. Lui aussi a été prélevé le même jour du cuir chevelu, pour la troisième fois, histoire de faire double ration de peau avec mon lambeau greffé. J'étais très motivé. On n'avait pas pu aller jusque-là, les chirurgiens, comme lui, comme moi, et le perdre maintenant.

Le soir même, j'allais mieux, sinon que mon visage et mon crâne étaient très gonflés. Le produit qui permet à la peau du crâne de mieux se décoller s'était infiltré partout. Malgré ma sale tête, on m'a mis au fauteuil. Je ne vais pas dire que c'était la routine, mais enfin, je vivais l'événement plutôt sereinement. Fanny est venue le lendemain me voir dans la chambre, la 33 cette fois. Je savais, tout le monde savait, que j'allais me remettre. Et surtout, que Franck s'en porterait mieux, probablement. Sa souffrance était mon moteur.

Je me suis autorisé à partir à la mi-novembre pour faire des sauts à Oresmaux voir Jules, et Fanny qui avait dû reprendre le travail. Quitter l'hôpital et Paris était un crève-cœur, mais de toute façon, le quitter le soir aussi était un crève-cœur. Il ne voulait pas. Il venait de demander une télé et un réveil, deux objets qui conditionnaient désormais notre vie dans la chambre. Toujours « en momie », Franck avait désormais un œil rivé sur la télé, l'autre sur l'heure. Il faisait des comptes à rebours, qu'il égrainait le soir avant notre départ : « Plus qu'une heure », « Plus qu'une demi-heure »... Nous trichions sur l'heure limite des visites à vingt-deux heures, mais à vingt-trois, il nous soufflait tristement : « Vous partez déjà ? » Avec Clém, on se regardait, épuisés, et en même temps, c'était bon signe, il ne voulait plus mourir...

FRANCK

Clémentine m'a dit avoir eu sa première joie minuscule quand l'infirmière qui la guettait s'était précipitée sur elle à son arrivée : « Monsieur Dufourmantelle va bien ! Il a demandé des choses ! J'ai la liste ! » Elle avait tiré de sa poche un petit papier avec une liste de demandes, des bricoles que j'ai oubliées et la fameuse télé et le réveil. Je ne risquais pas de demander autre chose puisque je n'avais pas l'usage de mes mains, ni l'usage de ma bouche – alimenté artificiellement. Télé et réveil rythmaient ma vie.

La télé, c'était du jamais vu dans une chambre du secteur 1. Les patients y sont en trop mauvais état. J'en avais eu l'idée pour me rassurer. J'imaginais à raison que ce serait une présence, un peu de vie, des couleurs qui bougent au départ seulement, parce que je ne comprenais plus rien après cinq minutes. C'est Florence, la mère de Clémentine, femme adorable, qui s'était chargée de l'achat et l'avait rapportée en la trimballant en train, puis en métro. Quant au réveil, Florence avait pensé à tout, comme toujours, en choisissant le bon modèle avec la date, l'heure écrite en énorme pour que je puisse bien la distinguer, mais aussi et surtout… la température ! Mon obsession ! Je vivais les yeux rivés dessus, et si la température montait d'un degré, je réclamais par des mouvements d'yeux ou de lèvres, qu'on envoie de l'air froid d'urgence. J'avais enfin un moyen de pression, les chiffres ! Ce réveil m'a suivi partout ensuite, en centre de réadaptation, en cure, encore aujourd'hui, je ne l'ai pas quitté. Quant à la télé, installée juste face à mon lit, je ne la perdais jamais de vue, même quand mes proches étaient là. Je ne pouvais pas tourner beaucoup la tête pour les regarder, et je n'étais pas en mesure de dialoguer avec eux, alors rapidement, je décrochais des conversations, fatigué de les entendre, ou énervé et dégoûté de ne pas pouvoir participer. Je n'accrochais pas davantage à ce que racontait la télé, une vie qui avait lieu ou avait eu lieu sans moi, et aurait peut-être lieu encore longtemps sans moi, mais au moins, elle n'invitait pas au dialogue.

Pendant mon « absence », Thomas Pesquet avait voyagé

dans l'espace, moi qui adore les histoires de trou noir et de planètes. Donald Trump avait été élu, moi qui adore discuter politique. Mais je m'en fichais. Je m'étais moins fichu de la naissance, moins médiatique, de la petite Romane chez François et Hélène. Quand on me l'a dit à mon réveil, je ne sais pas si l'info avait filtré pendant le coma ou si j'avais gardé la trace de la naissance imminente avant l'accident, mais je n'étais pas surpris. C'était resté en moi, alors que le jour de l'accident s'était complètement enfoui. J'avais une belle photo de Romane sur le mur de photos qui ont rapidement couvert la vitre donnant sur l'extérieur, côté gauche. De mon lit, je ne voyais de toute façon rien du dehors. Clém et Eric avaient tiré des images de bons souvenirs communs, et ils en apportaient d'autres de tous ces moments de vie qui se déroulaient sans moi, à l'appart dont ils me racontaient le quotidien par exemple, et bien sûr, des photos de Jules, mon super neveu… La « petite Marie » avait eu la gentillesse de les disposer sur la photocopieuse en format A3, et de les plastifier pour qu'elles ne collectent pas les microbes et résistent à l'air ambiant. Les « tableaux » étaient complétés par un tas de mots gentils dessus, de mes tout-proches comme des amis. Comme je ne pouvais pas tourner la tête, mon équipe d'assistants ingénieux en scotchait régulièrement un sous la télé, changeant régulièrement le modèle pour que je ne me lasse pas. Ces grandes feuilles cartonnées faisaient à l'occasion de très bons éventails, dont ils se servaient quand je réclamais : « Du vent, du vent ! » Quand ils partaient, toujours trop tôt, je regardais les photos. Près de moi sur la table de chevet, ils avaient disposé des grigris, un marron sous cellophane, mais aussi mes médailles gagnées au trail ou aux dix kilomètres, un trèfle à quatre feuilles, un petit arsenal de marabout.

Je pleurais parfois à leur départ, ou la nuit, comme il m'arrivait de pleurer la matinée entière avant qu'ils n'arrivent. Je pleurais parce que j'avais mal, parce que j'en avais marre, parce que je les plaignais aussi. Je me disais : « Les pauvres… les pauvres, ce que je leur fais vivre… », « Et Clémentine, qu'est-ce qu'elle fait avec moi ? Elle n'a pas mérité ça. » Pourtant, c'est sur elle que mes plaintes tombaient le plus souvent, parce qu'elle était la plus présente. Un jour de novembre, je me suis payé le luxe de l'engueuler franchement, elle y a vu un signe que je refaisais surface : je n'étais pas content du tout, elle sentait le tabac ! J'avais beau avoir une trachéo qui m'empêchait de parler, et une sonde nasogastrique, je n'avais pas le nez bouché, elle refumait ! Je lui ai demandé : « T'as fumé ? » « Non non », m'a-t-elle menti. Mais le lendemain, elle sentait encore le tabac ! Alors elle a avoué et je me suis fâché, avec mes petits moyens très limités par la trachéo. Elle m'a juré qu'elle arrêterait pour me faire plaisir, et c'est ce qu'elle a fait, ou presque.

Les infirmières m'ont souvent dit de me calmer. Mais je n'étais pas patient. Pour rien et avec personne. Le drap qu'on posait sur mes bandages le soir pour dormir, il fallait qu'il arrive jusque-là, mais pas là, et je m'agitais pour une différence d'un centimètre. Un vrai maniaque ! Je ne me sentais jamais bien. Je crevais de douleur et d'inconfort tout le temps, hors les quelques minutes après l'injection d'un bolus. Le personnel était d'une patience incroyable, et encore, je ne me souviens pas de tout. Par exemple, j'ai appris récemment que Marie-Doudou, aide-soignante dont a aussi parlé Eric et qui était l'une de mes préférées, était parfois restée près de moi le soir jusqu'à ce que je m'endorme. Ceux qui s'occupaient de moi, je les aimais tous, et surtout, toutes. Il y avait des aides-soignantes et des infirmières de toutes origines, des îles comme Marie-Doudou, mais aussi asiatiques ou blacks, et je les trouvais toutes jolies, et surtout gentilles. Je me souviens de Béatrice, d'Aurélie, sa pêche et son franc-parler, de Delphine, qui avait listé mes premières envies de télé et réveil, de Mathilde, dont le visage perçu tout au début me rassurait, avec son regard qui m'inspirait confiance, de Marie, aide-soignante encore plus jeune que moi qui se donnait un mal fou pour recaler mes deux jambes à l'aide des petites mousses, surélevait mes pieds en les plaçant bien à angle droit pour que je ne les aie pas de travers quand je remarcherais, ce dont moi, je ne doutais pas. Elle comprenait ma maniaquerie, comme mes proches, qui eux aussi prenaient soin de mes talons d'Achille. Mes pieds retombaient toujours sur le côté naturellement, alors qu'il me les fallait bien droit, orteils vers le plafond, et du matin au soir, je n'avais pas trop de mon équipe de sauveteurs « maison ». Il y avait aussi les infirmiers, Raph, parmi les premiers visages vus en sortant du coma, Pablo, Yohann, Mickaël, Pierre, Nicolas, un calme qui racontait sa passion de pilote d'avion amateur, et Alexandre, le grand brun qui parlait très doucement et qui avait conduit mes proches à mon chevet pour la première fois. Il fournissait des explications très claires et quand il était de garde la nuit, je m'endormais bien rassuré. Et je ne serais jamais assez reconnaissant à Salomé de m'avoir donné mon seul petit réconfort en dehors des massages, en me brossant les dents trois ou quatre fois par jour avec une délicieuse mousse à la menthe. C'était pour que je garde la bouche saine, mais ce que j'aimais moi, c'était ce goût frais alors que pendant presque trois mois, je n'ai pas pu boire et ai crevé de soif. Je disais : « Encore, encore ! », même à Eric et Clém, qui me le faisaient souvent et à qui je le demandais une dernière fois quand je les voyais sur le point de partir le soir. Souvent, avec les soignants, j'essayais de négocier : refuser le changement de draps qui avait lieu deux fois par jour et me faisait un mal de chien, tenter de le ramener à un ; limiter les pipettes de liquide antibactérien qu'on m'injectait sous les bandages toutes les six heures, qui les rendaient froids et mouillés, administrés même la nuit quand je dormais, tenter d'être épargné la nuit. En vain. Ils avaient beau être très gentils, il n'y avait rien à faire, ils faisaient bien leur boulot !

L'équipe soignante me tenait lieu, avec le temps, de petite animation. J'observais leurs allées et venues, leurs relations, je commençais à comprendre qui aimait qui et qui dominait qui. C'était mes « Feux de l'Amour » personnels. Je n'avais que ça à faire, avec la télé. Ils étaient, en dehors de mes tout-proches et de mes visiteurs à partir de treize heures, mes compagnons de vie, à la merci de qui j'étais pour le pire, les manipulations, et pour le meilleur, les petites douceurs et… les bolus ! À eux, je ne cachais rien, je ne pouvais rien cacher. Ils connaissaient mon corps mieux que moi et mon entourage. Eux le voyaient sans mes pansements. Pour autant, ils ne m'en donnaient aucune description, sinon un souriant « Tout suit son cours… ». Je n'ai pas vraiment cherché à savoir non plus pendant longtemps. J'étais trop dans la douleur. J'ai perdu avec eux tout contrôle et toute pudeur, capable de m'écrouler en larmes. De me fâcher. Je ne cherchais pas à les ménager. Et puis, un jour de novembre, j'ai vu débouler dans ma chambre une femme qui compterait beaucoup, et avec qui je serais sans masque, moins encore qu'avec tout le monde.

C'était Sandrine, ma kiné. Elle avait la quarantaine et c'était une femme en or. C'est elle qui, avec le professeur Mimoun, m'a redonné la vie, au point qu'aujourd'hui, je le dis sans détour, je la vois comme ma bienfaitrice. Mais j'étais très loin de cet état d'esprit quand je l'ai vue débarquer pour me « mobiliser », soi-disant.

J'ai tout de suite pensé : « Mais pourquoi vient-elle m'emmerder, celle-là ? », il n'y a pas d'autre mot, et j'espère qu'elle ne m'en voudra pas puisque son arrivée ferait ma (presque) joie plus tard. Une heure tous les matins, elle passait me faire faire des mouvements qui à mes yeux ne rimaient à rien, et qui me faisaient un mal de chien. Elle étirait mes bras, « mobilisait » mes jambes, une amplitude de deux centimètres, me remuait le corps, la tête qui refusait de pivoter. Pour un mec sportif, c'était pitoyable de faire ces petits mouvements ridicules en souffrant le martyre. Le martyre. Tout ça pour devenir quoi ? Marcher quand ? Je ne supportais pas la vérité, amorcée en douceur, les : « Ça va être long... » et « Il va falloir être un petit peu patient... » J'étais capable de gueuler comme un fou, au départ par des souffles et mes mouvements d'yeux et de lèvres, et beaucoup mieux quand on me rétablirait le son, car des mois plus tard, j'y serais encore : « Patient ? Vous trouvez pas que je suis patient ?! » Je me défoulais sur elle. Ou bien j'essayais de me rassurer auprès d'elle, par exemple après que Raph, l'infirmier, m'avait dit alors qu'on était déjà en décembre : « Tu sais, t'es encore là pour au moins deux mois ! » Et pourtant, il trichait... Ce serait trois ! J'avais râlé : « Il déconne ! Pas deux mois ?! » Sandrine m'a vu passer par tous les états, plus encore que Clém.

ERIC

Franck n'avait pas la moindre idée de la gravité de son état, des séquelles possibles, non seulement esthétiques mais mécaniques, tout simplement parce que nous non plus ! Il était en danger de mort ! On n'en était pas du tout à se demander quand il sortirait, ni dans quel état. L'équipe médicale nous le répétait : Franck n'était pas tiré d'affaire, ni en novembre ni même en décembre. Et au cas où on l'aurait oublié, le corps de mon frère se chargeait de nous le rappeler. Il arrivait que Clémentine me dise le dimanche, alors que j'étais rentré à Oresmaux voir Jules et Fanny : « Tu vas voir, il est en forme ! » Et le lendemain quand j'arrivais, il n'allait pas bien du tout. Alors Franck m'accueillait dégoûté, de nous décevoir comme de souffrir. Pour autant, l'équipe du CTB travaillait, en particulier en kiné, comme si un jour, Franck devait remarcher, et même recourir. Sandrine et le professeur Mimoun nous disaient que s'il vivait, c'était vraisemblable. En parallèle, nous apprenions des choses terrifiantes, comme le jour où le professeur Mimoun nous a confié : « Les doigts sont très abîmés, surtout la main gauche. Les cartilages ont brûlé… Il aura “la pince”, c’est sûr, mais la mobilité des doigts, c’est à peu près certain que non. » Une main sans doigts ? On encaissait les chocs en n’en laissant rien paraître, et il valait mieux, vu la réaction de Franck quand il a bien dû être amputé d’un morceau d’oreille. Il n’y avait rien à faire, elle ne cicatrisait pas malgré tous les bons soins, les greffes, le tulle gras, le grattage des croûtes, etc. Les médecins nous avaient bien expliqué, très techniquement, comme ils le faisaient toujours quand on les croisait, que les cartilages avaient brûlé, et qu’il avait mieux valu couper que s’exposer à une infection. C’était toujours après que nous apprenions les opérations, et encore, nous ne savions jamais bien quand il était à nouveau autogreffé, et nous ignorions le détail. Un brûlé est traité selon des décisions collégiales, ce n’est pas comme un patient normal, qu’on prévient, lui et sa famille, de son opération des amygdales. Il ne s’agissait pas d’une proposition mais toujours d’une obligation. C’était mieux, qu’on ne sache pas avant. On lui avait bandé l’oreille après l’intervention, et après quelques jours de flou, Franck nous a attendus de pied ferme pour savoir ce qu’on lui avait fait. C’est tombé sur Nounours.

FRANCK

Il va de soi qu'il n'y a pas un seul miroir au CTB. Je n'en aurais de toute façon pas voulu. Mais je sentais bien que les choses se passaient spécialement mal du côté de mon oreille : bandage, débandage, tulle gras, soins qui se succédaient, j'ai fini par trouver ça louche. Un jour, j'ai trouvé le courage de demander à Nounours : « J'ai quoi à l'oreille ? » Il m'a dit : « Oh ça va, c'est rien… » J'ai insisté : « Quoi, rien ? » Nounours a répondu naturellement : « Un tout petit trou… » Je n'étais pas prêt à lâcher : « Ça veut dire quoi, un petit trou ? » Nounours a fini par capituler en douceur : « Rien, Franck… Juste un petit bout en moins. » J'étais comme un fou : un bout en moins ? !!!

ERIC

On a pris le relais. Franck réclamait des détails, la vérité : « C'est quoi ? Qu'est-ce qu'on m'a fait ? ! » Nous étions complètement d'accord entre nous, sans lui mentir, qu'un petit morceau d'oreille pour quelqu'un de brûlé à 95 % et en danger de mort, ce n'était pas grand-chose. Mais lui n'avait pas notre échelle. Nous minimisions parce que nous voyions vraiment les choses ainsi : « T'as rien, t'as pas grand-chose… », « ça va pas se voir… », ajoutant « ça se reconstruit, en plus, une oreille ! » Mais Franck ne comptait pas en rester là. Quelques jours plus tard, dès qu'on lui a enlevé les bandages, il a réclamé : « Photo ! » On ne pouvait plus reculer. Quand on lui a fourni la photo, on a argumenté : « Elle était trop brûlée. Même les cartilages. Ils ne pouvaient rien faire. Mais enfin, c'est rien, un petit bout d'oreille… » Nous savions, nous, ce qui le menaçait, de la mutilation des doigts au décès pur et simple. Je me dis avec le recul que nous étions des imbéciles. Pour lui, tout comptait. Il n'y a pas de détail dans la mutilation. Franck était hors de lui. Il m'a spécialement engueulé moi, alors qu'il était toujours trachéotomisé mais animé d'une colère visible : « C'est rien ? Non mais t'es sérieux, là ? Tu aimerais, toi, qu'on te coupe un bout d'oreille ? C'est rien, un bout d'oreille ?! Tout le tour sur presque un centimètre ? » Et il pleurait. Pour un bout d'oreille. Et nous, sur le moment, on ne comprenait pas.

Il nous arrivait de cuisiner les infirmiers pour nous faire une idée de l'état du reste de son corps, mais nous avions beaucoup de mal à avoir les infos. Je savais que son corps serait un patchwork de greffes, que la peau repoussait « en écailles de serpent », comme Franck le dit lui-même, dans les interstices du bas résille, évidemment on en était malades, mais encore une fois, ce n'était pas l'urgence. On se disait : « Pourvu qu'il vive, on verra plus tard ! » La fois où j'ai reçu un vrai choc, c'est quand on m'a annoncé qu'il n'aurait plus de mamelons. Effondré, j'ai tiré les vers du nez de Delphine, une infirmière asiatique : « Mais c'est pas possible ! Alors, il n'y a plus de différence entre devant et derrière ? » Elle m'a répondu, comme si c'était une victoire, et c'en est une dans un service de brûlés : « Ah, mais il a encore son nombril ! » J'étais accablé. Très vite pourtant, je me suis appliqué à ne pas y penser. Tous, on se concentrait sur les bonnes nouvelles. On se soutenait les uns les autres en se focalisant sur les choses positives, comme son visage qui était encore jumeau du mien malgré les variations de sa blessure autour de l'œil, et on développait des pensées magiques, des prières : « Les doigts, ça ira très bien. Hein, ça ira très bien ! » Et tout le monde hochait la tête : oui, ça irait très bien. Parfois, nous avions raison, parfois non. Auprès de Franck, on flanchait encore moins.

Ce qu'on savait – les risques, les menaces, le pire –, on ne le lui annonçait pas. On se disait qu'il serait bien temps plus tard. En revanche, on nous avait montré les plus belles des photos de ses greffes, prises par le professeur Mimoun, et Clémentine lui assurait comme moi : « On a vu les photos, tes greffes sont super-belles ! » Être positif, toujours ! Et puis est venu le jour où l'équipe a décidé de ne plus lui panser l'avant-bras gauche. Il était apte à prendre l'air libre, et tout ce qui peut être déballé doit l'être. Et là, au réveil de l'anesthésie générale du changement de pansements, face à son avant-bras, Franck a pété les plombs. Au point que l'infirmière a appelé Clémentine avant l'heure des visites en lui demandant d'arriver tout de suite.

FRANCK

J'étais tellement choqué, j'ai tellement pleuré... J'étais horrifié par ce que je voyais, des carrés agglutinés de peau encore violette, qui ne rosirait qu'après être passée par le noir, une surface pas uniforme, bosselée, un chantier de coutures que je n'avais pas imaginé. Et ce n'était que la moitié de mon avant-bras gauche ! J'ai toujours été soucieux de mon apparence, coquet, j'ai toujours fait du sport, j'ai toujours aimé être beau, être propre, être musclé. Mes avant-bras étaient devenus très maigres, la graisse avait fondu dans l'accident et faute de m'alimenter autrement qu'artificiellement, l'inertie avait fait fondre tous mes muscles. Je n'avais plus de tatouage, on me l'avait dit, et je m'en fichais pas mal, mais cela renforçait l'idée que ce bras n'était définitivement pas à moi ! Je ne le reconnaissais pas. Il était affreux. Salomé, une aide-soignante, est arrivée dans la chambre pour me réconforter : « Qu'est-ce qui se passe ? C'est quoi, ce chagrin ? » Je lui ai fait comprendre que c'était la vision de mon avant-bras. Elle a regardé et elle s'est écriée très sincèrement : « Que c'est beau ! Mais c'est magnifique ! »

Parce que d'un point de vue professionnel, sans doute, ça l'était réellement. Mais du point de vue de ma vie ? De mon corps ? J'étais tellement malheureux que j'en ai redoublé de larmes, je ne pouvais pas m'arrêter. Elle ne savait plus comment s'excuser : « Pardon, je suis désolée, je ne voulais pas dire ça... » Elle était si gentille...

Quand Clém est arrivée, je l'ai regardée, désespéré. Pour elle aussi, c'était choquant, mais elle m'a félicité : « C'est bien, la greffe a bien pris... » Je lui ai soufflé : « Mais si tout mon corps est comme ça ? » Elle m'a rassuré sans s'avancer : « Mais non, pas forcément. Et puis tu verras bien. D'ailleurs, j'ai vu ton dos en photo, il est bien plus beau que ça ! » Je n'écoutais pas.

Le spectacle m'était tellement insupportable que le personnel médical a décidé de me rebander, le temps que je m'habitue. Et encore, j'ignorais à cette époque ce que Sandrine, la kiné, n'avait pas caché à mes proches : au contact de l'air et de ses germes, la peau prend un aspect encore plus irrégulier, bosselé et rouge les premiers temps. Il y a donc toujours une période après la fin des pansements où, à l'œil, les choses empirent. Quant à imaginer le reste de mon corps, ce n'était pas possible. Je me disais : « Je ne peux pas être comme ça de la tête aux pieds, c'est peut-être le pire ? » On m'avait annoncé tout de suite que j'avais été entièrement brûlé. Mais j'imaginais que la peau allait repousser comme on cicatrise, avec juste des marques de greffes, comme des coutures. Un peu de répit avant de savoir que non. Pas du tout.

Une fois par semaine, la psychiatre passait pour adapter mon traitement – anxiolytique, somnifère et anesthésiant –, mais je n'avais aucun plaisir à lui parler. Je voulais savoir comment je serais. Mes seules questions concernaient donc les séquelles esthétiques, leur ampleur. Je ne pouvais pas assumer un corps que je n'imaginais pas encore. Mes cicatrices, il n'était pas question que je les « assume ». Je n'en voulais juste pas ! Je n'avais rien à dire à cette dame. À moins qu'elle n'ait à me communiquer ma date de sortie, mais ce n'était pas le cas.

Clémentine comme les infirmières me le répétaient depuis que j'avais repris conscience mi-novembre : « Tes parties intimes sont intactes, et tes pieds comme ton visage ont été bien épargnés. » Je me disais : « OK, c'est bien… Mais le reste ? » Sur le reste, pas de réponse.

Il m'a bien fallu un mois pour revoir l'accident. De là à faire le lien avec la gravité de mon état, je n'en étais toujours pas capable. « 95 % », c'est abstrait. C'est angoissant mais c'est abstrait. Je n'avais pas de moyen de visualiser sur Internet ou autre, faute de mains, et tant mieux… Je ne savais pas que non seulement tout mon corps serait un ensemble de carrés de peau, mais surtout que j'étais encore en danger. Clémentine, qui me connaît bien, redoutait le moment où j'allais devoir « vivre avec », comme on dit. Vivre dedans, surtout. Avec ce corps dehors. Mais elle avait surtout peur que je ne vive pas tout court.

ERIC

Franck et nous n'avions pas du tout les mêmes problématiques, les mêmes angoisses. Lui, il était désespéré par l'apparence de son seul avant-bras. Il a tout de suite décrété : « Je veux mourir. » Un terrible paradoxe quand nous redoutions, nous, qu'il meure ! J'essayais malgré tout de le rassurer sur ce qui le préoccupait, lui : « Mais Franck, ça ne peut que s'arranger ! Les marques vont s'estomper, la peau va prendre une teinte plus beige… » Il a fallu quelques jours pour qu'il n'en parle plus, à défaut de ne plus y penser. Chaque jour, on se demandait dans quel état on allait le trouver, et l'on ne parlait pas de son physique. On redoutait chaque instant que l'hôpital nous appelle pour nous annoncer le pire, ou l'amorce du pire. Quand Franck n'était pas en train de lutter contre une infection grave, et qu'il était à peu près bien, j'essayais de le chambrer en arrivant : « Alors, qu'est-ce qu'il a encore aujourd'hui ?! » Et puis parfois, la réalité nous rattrapait, le danger vital. Alors on croisait les doigts pour qu'il se sorte de ce problème de plus. Le 20 novembre, il a eu une infection de la peau, avec beaucoup de fièvre et une batterie d'analyses, faites en le piquant dans le pied, pour éviter une contamination via le cathéter et faute de peau non bandée. Le 24 novembre, il y avait une grosse alerte, je ne sais même plus pourquoi, et il a fallu le déménager au scanner.

Pour Franck comme pour les soignants, la complication synonyme de scanner était une hantise : on ne peut évidemment pas mettre un scanner dans une chambre. Exceptionnellement parce que c'était contraire aux exigences d'asepsie, il fallait donc le sortir du CTB, parfois de nuit, pour l'emmener aux urgences, avec lesquelles le Centre communique immédiatement. C'est prévu pour permettre une prise en charge immédiate des grands brûlés, qui arrivent de l'ambulance du SAMU directement en ascenseur dans une salle d'auscultation pour le bilan général. Le seul déplacement du corps de Franck de son lit au brancard roulant lui était si douloureux que nous l'avons entendu supplier : « Non, je ne veux pas y aller ! S'il vous plaît… » Débrancher Franck et passer toutes ses perfusions en mode ambulant prenait presque une demi-heure. Ensuite, c'était un véritable convoi. On l'a vu s'ébranler une fois à la nuit tombée. Il y avait quatre personnes, kiné, médecin, infirmières, dont l'une portait un énorme sac à dos de survie pour intervenir dans la seconde s'il y avait un problème. Son brancard était chargé de tubes, de flacons et de tuyaux. On avait attendu Franck dehors pour l'égayer quand il passerait et faire des « coucou » à son passage. On prenait sur nous pour faire un peu les clowns. Lui aussi prenait sur lui. Il nous a souri faiblement, pour la photo, super-courageux, et après il nous a dit : « Quand même, ça m'a fait du bien de vous voir en manteau, sans votre blouse en papier, et de prendre un peu l'air ! » Parce que Franck, c'était ça aussi, quelqu'un qui puisait parfois dans ses forces pour nous faire plaisir. Ce jour-là, il me semble qu'il n'avait rien. Il y a eu trois ou quatre sorties au scanner pendant le temps de l'hospitalisation. À la fin, on ne sait plus…

Le 28 novembre, c'était le branle-bas de combat : on apprenait que son dos ne cicatrisait pas, que la greffe prenait mal et que cela en devenait préoccupant. Ils ont donc décidé de lui installer un lit fluidisé, de contact plus aérien. Ce matelas en silice, une poudre très mobile, allait lui pourrir la vie pendant deux mois.

FRANCK

Rien n'était plus angoissant que ce lit fluidisé, qui donnait la sensation d'un matelas d'eau, essayé par tous les infirmiers qui en disaient le plus grand bien. C'était bien, probablement. Mais dix minutes. Et quand on était en bonne santé ! J'avais la sensation de flotter sur une barque, dans la douleur et la chaleur atroces. Et le comble, c'est que ce matelas était chauffant ! Quand on me changeait les pansements, sa température était aux alentours de 40 °C. Quand je commençais à avoir chaud, puis très chaud, puis beaucoup trop chaud, je demandais qu'on baisse les thermostats, mais la température de l'air descendait d'un degré par heure. L'atmosphère devenait donc respirable en fin d'après-midi. Je demandais de l'air, du vent, un bolus, pour me sentir bien trente secondes, planer, en finir avec mes douleurs physiques et mentales. Un jour, la climatisation de la chambre s'est déréglée, et le matelas chauffant avec, le thermostat coincé. Je réclamais : « Appelez le technicien ! Appelez le technicien ! » J'étais comme attaché dans un four, tout le corps qui me brûlait non-stop. Je pense que Clém et Eric ont fait le siège du service. Pour dire à quel point je vivais en milieu stérile, même les locaux techniques avaient été prévus hors des chambres, à l'étage au-dessus, pour ne pas avoir une autre source de microbes.

Je vivais l'œil rivé sur la température qui s'affichait sur mon réveil, et je calculais : « Si le matelas chauffe à tant, la pièce doit être à tant. » Les soignants qui me réglaient ma clim, j'aurais pu leur écrire la notice ! Je demandais à mes proches : « Vous me baissez, vous me montez », sans arrêt, comme je leur demandais de changer de chaîne, puisque je vivais en osmose avec la télé et que j'avais toujours les mains attachées et emballées. Avec ce satané lit fluidisé, qui ne changeait rien à mes douleurs toujours épouvantables, je ne voyais plus la télé ! Il me contraignait à être désormais totalement à plat, le nez au ras du drap qui, comme on le sait, n'était jamais à la bonne place, les yeux tournés vers ce plafond pour seul horizon. C'était un très sale coup parce que la télé, moi qui l'avais peu regardée avant, était ma vie.

ERIC

La télé, pour Franck, c'était une ouverture sur le monde, la seule puisqu'il n'avait pas l'usage de ses mains, donc ni téléphone, ni tablette ou autre. Clémentine faisait sa secrétaire, lui lisant les messages sur le smartphone qu'on a toujours laissé près de lui à l'hôpital, dès le début. Quand il était dans le coma, on avait scotché son nom dessus, et on s'en servait pour accéder à son compte Deezer et lui faire écouter ses play-lists préférées. Nous avons vite arrêté quand il a été conscient et que la télé lui a semblé provisoirement plus intéressante. La trachéo empêchant Franck de dialoguer, ses émissions sont devenues sa compagnie quotidienne, un rituel rassurant : l'émission nature sur RMC Découvertes, l'émission culinaire de M6, les JT, tout ce qui ne demandait pas une grande concentration. Il n'aurait pas pu suivre un film, mais une histoire de trappeurs en plusieurs volets qui lui plaisait, oui. Je pense qu'il avait besoin de voir la nature, le grand air, de la verdure. Parfois, il restait les yeux fixés dessus, l'air absent. Et puis d'un coup, il avait quelque chose à nous dire, envie de faire un commentaire, alors on essayait de comprendre, en espérant que Nounours, notre fidèle interprète, soit dans les parages au cas où. Qu'il s'intéresse à quelque chose nous semblait excellent. Peu importait quoi.

Clémentine répondait aux appels et textos qui arrivaient sur son répondeur, même si le temps passant, les messages nous arrivaient de plus en plus souvent directement. Nous avons rapidement trouvé une solution pour donner les dernières nouvelles médicales qui ressemblaient à des minicommuniqués de presse expliquant des notions comme « lit fluidisé » ou « prise de greffe ». Nous faisions des copiés-collés, ce qui nous permettait de ne pas retaper tout le détail technique à chaque fois.

FRANCK

La télé, c'était beaucoup moins fatigant que les gens, même si j'aimais que Clémentine m'annonce que Maxence avait appelé ou que Hugo son frère était bien arrivé en Guyane, où il est parti pour trois mois comme gendarme mobile après avoir été très présent. Ce qui me fatiguait, c'était d'avoir envie de parler et de ne pas y arriver, ou de prendre sur moi pour ne pas sembler souffrir devant les gens, ce qui était peine perdue. Parmi mes visiteurs réguliers, j'ai eu mes parents évidemment, François et Hélène, Emelyne, les deux Mathieu, Maxence, les jumelles Emmanuelle et Aurore, une autre Aurore et Matt, deux amis d'enfance, Max, Thomas, mon cousin de Bordeaux et sa femme, mes beaux-parents souvent puis tous les dimanches, le frère de Fanny, Sébastien, Ludivine la sœur de François, Tatie Régine, ma marraine, collègue et meilleure amie de ma maman de naissance, qui nous avait emmenés en vacances petits, qu'on avait fait damner, et qui n'a jamais cessé de nous souhaiter nos Noëls et anniversaires. Tous mes collègues d'Additek sont venus aussi, à commencer par Ahmed, mais aussi David, Daniel, Séverine, Jeanne-Marie, Valérie, Marlène, Peter, le patron, son père, sa femme, son frère Alex, tous venus dès mon coma et jusqu'au bout de mon hospitalisation.

Mes visiteurs étaient toujours très choqués la première fois, mais je n'avais pas la force de leur remonter le moral. J'avais la chance, si l'on peut dire, d'avoir tellement de monde qui voulait venir à mon chevet que Clém a dû organiser un planning. D'abord, elle ne voulait pas que je sois trop fatigué et la consigne était de ne pas trop me poser de questions pour m'épargner l'effort que me demandait un seul mot. Ensuite, on provoquait des embouteillages, les visites n'étant autorisées que deux par deux. Il est arrivé que quinze personnes attendent leur tour dans la salle d'attente. Quand j'ai eu de grosses infections, Clém a décidé avec Eric de limiter les visites pendant trois semaines un mois. Il n'y avait plus que mes sauveteurs.

La seule visiteuse qui m'a longtemps manqué, c'était Lucie, l'adorable sœur de Clém, âgée seulement de quatorze ans au lieu des quinze réglementaires pour les visites. Du moins, c'était la raison officielle, parce que pendant longtemps, elle a réclamé le droit de venir, au même titre que son frère Hugo et ses parents, mais tous craignaient qu'elle ne soit trop choquée. Elle a obtenu gain de cause vers la fin novembre, parce qu'on estimait que j'étais un peu plus présentable. Quand elle est venue avec Clémentine, même si elle savait très bien ce qui m'était arrivé et l'état dans lequel elle me trouverait, elle a été très impressionnée. Par moi comme par la technologie et les bips permanents sortant d'un tas de machines sophistiquées. Moins impressionnée malgré tout qu'un copain de Clém qui avait tourné de l'œil. Oui, j'étais un cas, je m'en rends compte aujourd'hui, pour les gens pas habitués, comme, au fond, pour tout le service du professeur Mimoun. J'étais le patient qui n'aurait pas dû survivre.

Le « miracle médical » que j'incarnais me passait encore très au-dessus de la tête. À mon chevet, je voyais se succéder des infirmiers et aides-soignants, des médecins comme le docteur Ferry, des internes en visite le matin ou des chirurgiens comme Kévin ou le professeur Mimoun, mais je n'étais pas encore expert en greffe cutanée comme l'était Eric ! Le professeur, dont l'air gentil et l'œil amusé m'ont tout de suite plu, passait une tête à n'importe quelle heure en montant de ses consultations ou en sortant d'un bloc avec sa blouse verte à manches courtes. Mais je n'ai appris à mieux le connaître que plus tard. Il m'a bien expliqué les choses, la rareté de la situation où l'on était, et le fait que c'était une première médicale mondiale, tout ça m'intéressait très peu. Un jour, un journaliste l'a appelé alors que l'intervention avait été tenue secrète, il faut croire qu'il y avait eu des fuites, mais il avait refusé de diffuser l'information. Il m'avait simplement averti : « Fais attention, tu risques de recevoir des appels et des demandes directes. » Quand il m'a demandé si je serais d'accord pour que l'opération soit médiatisée, prêt à m'y associer avec Eric, je lui ai répondu oui, comme Eric. Il a vite précisé : « Maintenant c'est trop tôt, on verra plus tard, quand tu iras vraiment bien. » J'imaginais qu'un jour, dans la presse spécialisée, il y aurait un petit communiqué scientifique. Mais je ne voyais pas quand j'irais vraiment bien. Je n'étais pas traité comme une première médicale, mais comme n'importe quel patient. Personne ne prédisait rien, le temps ne passait pas, et quand je franchissais des étapes, c'était vers le pire.

Plus j'ai été lucide, plus j'ai désespéré moralement. Autrement dit mieux j'allais, plus on baissait ma sédation, plus j'allais mal ! Je déprimais, malgré des doses massives d'antidépresseurs, capables de retaper un mort-vivant. En décembre, j'ai assisté au grand déballage de mon corps. Un supplice psychologique. D'abord, les avant-bras, les deux, puis les bras, progressivement. À ce moment-là, il s'est produit un miracle, le petit clin d'œil du destin. L'épiderme ayant brûlé, je savais que je ne retrouverais pas mes tatouages. Par exemple, juste au-dessus de la pliure du bras gauche, le F du prénom de ma maman de naissance que j'avais fait inscrire en sa mémoire. Au même endroit par hasard, en son hommage, Eric avait lui aussi fait un tatouage, d'un petit morceau de parchemin. Un copain du jiu-jitsu est passé. Il était assis en face de moi, et il a lancé : « T'as vu !? » Il avait l'air sidéré en regardant mon bras. Mais je ne pouvais pas tourner la tête et me regarder, par chance. Il a insisté : « Non, mais t'as pas vu ?! Mais c'est un truc de fou ! » Il s'est approché de mon bras, le regard écarquillé, et il m'a dit : « Non mais je te jure ! Je rêve pas ! C'est écrit "LIFE" ! »

LIFE, donc…

C'était le reste d'une phrase entière, quelques centimètres carrés de peau intacte à la pliure du bras droit. J'ai marmonné que c'était cool. Marrant. Sûrement. Je n'en ai rien pensé, à vrai dire. C'est avec le recul que j'ai pris conscience du signe du destin : tout mon corps a été brûlé, rien n'est resté de mes tatouages, de tous mes bras, avant-bras, épaules, ventre, sauf ces quelques centimètres carrés : Life. Le professeur Mimoun n'en revenait pas ! Il en a fait une photo. Je crois qu'il avait besoin de l'avoir pour être sûr qu'il n'avait pas rêvé. Et il en a refait plein d'autres, comme une confirmation.

Mes bras, je ne les voyais pas trop, mais on m'a déballé les jambes, et là, j'ai pleuré. Il ne faut pas croire que je pleure tout le temps, en temps ordinaire. Simplement, je recevais les coups de la vie jour après jour, quand chez les gens normaux, c'est, par exemple, tous les dix ans. C'était comme si, à chaque sale découverte, ma vie basculait, toujours plus bas. Mes jambes étaient des manches à balai, l'os et un peu de peau autour, et quelle peau… Comme sur les bras. J'avais un mal fou à redresser ma tête et à la courber pour regarder mes jambes quand j'étais allongé, alors je tirais sur mes muscles pour lever un peu ma jambe mais je n'avais plus d'abdos, c'était impossible. Pour que j'en finisse avec ma fixette, que je ne les voie plus, en cicatrisant bien tout de même, ils ont installé au-dessus de mon lit une tente, avec des arceaux qui couvraient la partie inférieure de mon corps. Ainsi l'air libre circulait. Je ne pouvais plus voir, mais je n'avais qu'une peur, c'est que mes proches voient. Quand ils voyaient, j'avais mal de leur faire mal, comme Ahmed et David, mes collègues, qui jetant un coup d'œil sous les draps en avaient eu les larmes aux yeux. La plupart évitaient, comme mon frère. Celle dont j'aurais le plus dû craindre le regard était celle en qui j'avais le plus confiance, parce que je comprenais un peu mieux sa façon d'être tous les jours : Clém. Devant le chantier de mes jambes, elle m'avait dit doucement : « Bien sûr, elles sont un peu maigres… Mais tu vas reprendre. » Le professeur Mimoun avait raison : elle est géniale !

Ils ont enlevé les fixateurs vissés dans mes os, la main droite d'abord, la gauche ensuite. Mais il n'y avait rien à faire, la sensation des fixateurs demeurait, comme une mémoire des os. Mes mains sont restées bandées un temps, mais sans la moufle, avec les doigts pansés séparément, et c'était la seule bonne nouvelle : il y en avait cinq. Pour le reste, ils ne me servaient à rien puisque je ne pouvais pas les articuler, même une fois débandés. J'avais plus de facilité à appuyer avec la broche la plus longue des fixateurs sur la sonnette qu'Eric et Clém avaient scotchée dessous qu'avec les doigts « libérés ». Même si pouvoir actionner la sonnette était un « progrès », comme appuyer sur le *on-off* de la télécommande de la télé, il était mince. Mes mains ne faisaient même pas pince au début, elles étaient juste rigidifiées en forme de crochet, et on me les posait sur des boules de mousse pour leur imprimer cette forme. On aurait dit des crabes roses. J'avais des mains, mais qui ne servaient plus à rien. Quant à leur esthétique, elles étaient lisses au sens où elles n'avaient plus de ridules sur le dessus, plus de plis aux phalanges. Sandrine, ma kiné, en a profité pour commencer à me torturer de ce côté-là aussi : réapprendre à plier les doigts a été un supplice.

Il n'y a qu'une chose que je ne voyais pas, c'était mon torse et mon dos, qu'ils ont un temps débandé sous les arceaux, puis rebandés. Mais désormais, j'étais capable d'imaginer. Mes pansements n'étaient plus faits sous anesthésie générale au Propofol mais avec une sédation à doses moindres de ce même produit, à quoi s'ajoutait un gaz que l'on me faisait inhaler. Du coup, je ne manquais plus rien du spectacle… Je réclamais encore et encore des bolus, quitte à jouer la comédie sur la fin. Comme je commençais à comprendre que j'avais le professeur Mimoun avec moi, il m'arrivait de faire du chantage au personnel, à ce propos-là ou à un autre : « Je vais demander au professeur Mimoun ! » Qui était bien sûr solidaire de la baisse de sédation. Il n'y avait qu'absent à moi-même que j'étais mieux.

Pour achever mon cauchemar, ils ont décidé de m'enlever la sonde urinaire que j'avais depuis le début, le tout en prévision d'une « rééducation », qui me semblait encore irréelle. Je restais immobilisé, perclus de douleurs quand on me bougeait, torse et dos toujours non cicatrisés, le reste du corps en piteux état. Ils ont remplacé la sonde par un instrument maléfique appelé « pénilex », qui n'avait rien à voir avec un urinoir classique. C'est un genre de capote souple, qui mène à un réservoir, sauf que, évidemment, comme le conduit n'est pas rigide, on s'en met partout. Il m'arrivait de trépigner auprès de l'équipe de soignants parce que je baignais dans les pansements et le lit mouillé, la chair encore à vif : « Il faut changer les draps et les pansements ! Je vais m'infecter ! » Mais on me répondait : « Mais non, Franck ! L'urine, c'est stérile ! » On m'appelait désormais Franck et plus « monsieur Dufourmantelle », depuis le temps... Ce n'était pas la peine que j'invoque le professeur Mimoun : l'urine, pas de chance, c'est réellement stérile. Donc je me sentais mal. Mes fesses non cicatrisées me piquaient. Même si on ne me laissait pas comme ça des heures, c'était insupportable. Ma hantise était que survienne un accident au moment d'une visite, comme cela m'est inévitablement arrivé, alors Clém ou Eric était de corvée pour me faire uriner correctement avant, par prévention. J'ai réclamé le retour de la sonde, mais à toute demande, on me répliquait qu'il fallait que « j'avance »...

ERIC

Au mois de décembre, Franck a traversé plus d'étapes visibles que dans les mois qui avaient précédé. Il avait du mal à s'habituer aux changements, même s'il en a apprécié quelques-uns, parfois au bout d'un moment. Le fait de récupérer ses mains sans fixateurs, aussi abîmées et inertes soient-elles, lui permettait d'appuyer sur la sonnette pour appeler les infirmières quand une seringue sonnait ou qu'une douleur ne passait pas. Il a eu le droit de boire un petit peu à la paille en passant par la trachéo, des eaux gazeuses parce que le gaz stimulait la déglutition. Du coup, il demandait tout le temps. Il a même réussi à négocier un peu de Coca avec un infirmier, mais le goût d'une gorgée lui a semblé épouvantable. Les médicaments dénaturaient son palais et il n'avait rien avalé depuis des mois. Des petits progrès apparaissaient, mais très doucement. Quand on demandait aux médecins dans combien de temps il pourrait sortir de réa, ils restaient évasifs. Clémentine, qui aurait aimé avoir des échéances, a osé poser franchement la question à Sandrine début décembre : « Quand est-ce que l'on pourra dire Franck tiré d'affaire ? » Sandrine a répondu : « Si tout se passe bien, au moment des fêtes, on pourra dire que le risque vital est écarté… Normalement. » Cela n'empêchait pas l'avenir de se préparer comme si tout devait aller bien, avec la kiné qui passait tous les jours « travailler » avec Franck. Clém et mon frère ont même eu rendez-vous avec la responsable d'un centre de réadaptation spécialisé, où il était prudent de réserver des mois à l'avance. Dans l'état où était Franck, encore en danger, c'était surréaliste de parler du jour où il marcherait dehors, mais je crois qu'en même temps, cela nous faisait du bien à tous.

On nous avait donné deux noms de centres, l'un près de Dunkerque, à deux cents kilomètres de chez nous plein nord, et l'autre à Coubert, à égale distance, cent de Paris côté sud alors que nous sommes à cent côté nord. Très peu de centres sont spécialisés dans le retour à la vie des brûlés, dits centres de « réadaptation » et pas « rééducation », mot qui implique le réapprentissage de la mobilité, mais aussi des soins très spécialisés, des heures de pansements, une connaissance fine de la brûlure. Un cas aussi lourd que celui de Franck méritait un suivi, et ce qui nous a décidés pour Coubert est que Kévin, le docteur Serror qui avait opéré Franck, allait une fois par semaine y faire des consultations pour ses anciens patients. En plus, nous avons vu sur le site que la vue était arborée, avec une forêt toute proche. Nous avons pensé que cet environnement lui ferait du bien après tous ces mois d'enfermement. Il était tout à fait d'accord. On savait que s'il s'en sortait, il resterait en rééducation quasiment toute l'année 2017, mais quand Franck nous consultait, tout le monde restait évasif : « Quelques semaines, quelques mois, on ne peut pas trop le savoir à l'avance… » Franck avait très peur de l'avenir. Il aurait voulu rester dans son cocon, avec ses bolus !

Je me suis autorisé à rentrer habiter principalement chez moi, à Orcsmaux, le 7 décembre, une semaine avant de recommencer à travailler. Le 9, c'était l'anniversaire de Jules. Il aurait deux ans. Quand je suis parti de Saint-Louis durablement cette première fois, j'avais le cœur serré sur la route. Je lui ai laissé un message, que Clémentine lui ferait écouter : « C'est dur de partir mais sois fort, je reviens vite. Je t'aime. » J'avais les larmes aux yeux. Le jour où Jules a soufflé ses bougies, on a envoyé des photos à Franck, on s'est appliqués à rire. Il fallait que la vie reprenne. La joie de notre fils m'aidait à reprendre pied dans la vie quotidienne. J'ai recommencé le footing, le gainage, j'ai mangé et dormi, plutôt mal. Je n'avais aucune raison de bien dormir, la preuve dès le soir du 9, où je devais aller seul à une fête de fin d'année de mon entreprise, Clémentine m'a appelé pour me dire que Franck avait contracté un staphylocoque ! C'est classique à l'hôpital, surtout avec les défenses immunitaires à zéro, comme me le répétaient mes collègues. J'ai passé la soirée sur mon portable à aller sur Internet pour savoir ce que c'était qu'un staphylocoque, si c'était dangereux ou non – pour Franck, tout était potentiellement dangereux.

Autant je m'étais montré combatif à l'hôpital, autant le retour a été difficile : j'avais l'impression d'abandonner mon frère. Il était pourtant très entouré par Clém, elle aussi au taquet pour signaler tout incident, satisfaire sa moindre demande, une fille géniale à qui j'ai découvert une force rare. Il y avait aussi régulièrement Nounours, la famille de Clém, nos parents chaque vendredi, et d'autres amis visiteurs réguliers. Moi, je continuais à y aller le week-end et quinze jours après ma reprise, je pourrais revenir à Paris pendant mes vacances. La vie s'est organisée à Oresmaux en semaine, à Paris le week-end où Fanny m'accompagnait tandis que « Dany et Lulu », ses parents, gardaient Jules. On leur doit une fière chandelle. Désormais, et pour toujours semble-t-il, dès qu'on dispute Jules, il se rebelle : « Je veux Papi ! Je veux Mamie ! », « Mamie, elle était d'accord… » Forcément. Depuis novembre, je menais un genre de double vie, pas évidente à conjuguer l'une après l'autre, une à Paris où je passais ma journée au chevet de Franck en dînant à minuit, une autre à Oresmaux où je jouais aux cubes, calé sur les horaires de Jules. Reprendre des forces en sortant du CTB pour retrouver une vie normale était indispensable et en même temps douloureux.

J'ai eu la chance d'être accueilli avec beaucoup d'égards quand j'ai recommencé le travail, le 14 décembre, en particulier de la part de mon responsable chez Unither, Manu. Il m'avait invité au restaurant après mes prélèvements, choqué par la fonte de ma silhouette. J'avais commandé une entrecôte, mais il me faudrait bien un mois ou deux avant de me remplumer. Mes collègues m'avaient témoigné leur attachement tout au long des mois précédents. Après mon premier don de peau, j'avais même reçu à mon chevet la visite de quatre d'entre eux, William dit « Will », Yohann dit « Yo », Sébastien et François. Eux aussi avaient été choqués par ma perte de poids, au point que mon bas de pyjama bleu de patient ne me tenait même plus au corps. François m'avait lancé : « Han ! Mais t'as plus de fesses ! » Le souvenir de ma vie sportive était en effet bien loin. Je les avais emmenés voir Franck de loin, depuis les vitres. Plus personne n'ignorait ce qui nous était arrivé.

Malgré cette solidarité, sur la route pour aller travailler, il m'arrivait de penser à mon frère et de pleurer. Je culpabilisais de « l'abandonner ». Ce sentiment m'a submergé régulièrement pendant des mois. Heureusement que je travaille en horaires décalés, ce qui me permettait d'avoir des jours ou des demi-journées libérés après avoir été de nuit ou de week-end. À mon entreprise, je n'étais pas joignable à cause de l'absence de réseau, et quand je remontais à la pause, je regardais tout de suite mon portable. J'essayais malgré tout de n'appeler que tous les deux jours parce que Franck ne pouvait pas me parler, sinon par chuchotements assez peu compréhensibles, et c'était Clémentine qui devait faire la manipulation, répondre sur le portable de Franck, lui coller le portable à l'oreille, en espérant qu'il soit en état et qu'elle ne soit pas occupée à un soin ou hors de la pièce. Je savais à quel point les appels pouvaient mal tomber, pour elle comme pour Franck qui ne pouvait pas prendre grand plaisir au téléphone. La seule surprise, comme je l'ai dit à mon responsable, c'est que la reprise du travail ne me semblait pas difficile. À côté de ce que l'on faisait au chevet de Franck, toujours à courir à droite à gauche, debout près de lui ou assis sur un tabouret, sous pression, c'était plus reposant, sur le plan physique comme mental.

Et puis le 20 décembre, Clémentine m'a appelé à la maison, alors que j'avais travaillé sur une tranche de nuit jusqu'à six heures du matin : Franck avait des calculs dans l'uretère, avec des coliques néphrétiques. Il était plié de douleurs, son rein pouvait s'infecter. Le rein, c'était le seul organe où il n'avait jamais rien eu. Je me suis dit : « Ce n'est pas possible, il n'arrêtera jamais de souffrir… » Je pensais davantage à sa souffrance qu'au danger vital. Je savais à quel point elle pouvait abîmer le mental, faire perdre tout élan, jusqu'au souvenir d'avoir souri. À petite échelle, je sais ce que j'avais vécu. Après ce choc de plus, je pourrais toujours répéter : « Projette-toi, Franck ! Après, ça va être que du bon ! »

FRANCK

L'enfer reprenait, continuait, je ne sais pas comment le dire. J'étais plié de douleurs, en plus de celles des brûlures, du côté de l'estomac, du bas du dos, de la vessie, je ne savais pas trop. Je pissais des lames de rasoir.

C'est le pire souvenir de douleur de tout le séjour à Saint-Louis, de ce premier séjour s'entend puisque j'allais malheureusement revenir… J'ai imploré le personnel de me donner des bolus, jusqu'à leur dire : « Je vous en supplie, je vous le demande à genoux, je me mettrais à genoux si je le pouvais… » J'avais droit à un bolus de temps en temps, mais ils restaient intraitables sur la limitation des doses. Ils m'ont traîné à l'IRM, cette fameuse sortie tant redoutée, où l'on me remuait tout le corps pour m'emmener en brancard roulant. Là, ils ont fait leur diagnostic et ils m'ont dit : « On ne va pas opérer, ça va s'éliminer tout seul, en urinant. » Pendant vingt-quatre heures, j'ai cru que je n'allais pas tenir. Et puis je m'en suis sorti. J'ai encore vaincu ça. Je devais être sacrément résistant, sans doute le résultat de ma condition de sportif, physiquement et dans ma tête. Je prenais des coups, mais je me relevais. Sans plaisir, sans bonheur, mais sans mourir.

Plus le temps passait, plus j'avais envie de parler, de plus en plus, pour participer aux conversations, réagir à ce que l'on me disait ou commenter la télé. On a commencé à me mettre un bouchon sur la trachéo pour que je puisse vocaliser, une « canule phonatoire », mais j'ai mis du temps à l'apprécier. Mes cordes vocales n'avaient pas fonctionné depuis presque trois mois, ma bouche était toujours sèche, et parler me demandait un gros effort respiratoire. Même si mon problème aux poumons était rentré dans l'ordre, je n'avais plus de souffle et plus de forces. Je parlais donc cinq minutes par jour et c'est tout, uniquement parce que les infirmières insistaient : il fallait que « j'avance ». Avancer, en vérité, je n'en avais aucune envie. Je ne voulais pas remarcher, pas bouger. Je voulais qu'on me drogue et c'est tout.

ERIC

Je me souviendrai toujours de l'appel de Clém le 24 décembre : « C'est Clém ! Franck parle ! Je vais te le passer ! » Nous étions en route avec Fanny et Jules pour le sapin chez mes beaux-parents, comme l'année précédente, histoire de procurer une vie normale à Jules. Fanny, qui conduisait, avait pris l'appel avec le kit main libre. Jusque-là, mon frère avait bien articulé au téléphone quelques bribes rauques, mais rien de très compréhensible. Cette fois, il a dû me dire en entier : « Bon réveillon ! Joyeux Noël ! », et sa voix par les haut-parleurs retentissait dans l'habitable de la voiture… Le choc. Je me suis écrié : « C'est dingue ! C'est ta voix ! » La voix de mon frère, je n'en revenais pas ! Je ne l'avais pas entendue depuis la fin septembre ! Il paraît que les infirmières n'en revenaient pas non plus. Elles lui avaient dit : « Mais c'est dingue ! T'as la même voix que ton frère ! » C'était un drôle de réveillon, beau, bon et chaleureux comme ma belle-famille sait le faire, mais j'avais un morceau de moi tourné vers Saint-Louis. On ne pouvait pas être vraiment détendus. L'appel de Franck m'avait mis un peu de baume au cœur, mais je savais aussi que c'était un guerrier, que même s'il n'avait pas été bien, il était capable de faire semblant pour nous faire plaisir.

FRANCK

Moi aussi, j'ai passé le réveillon avec mes beaux-parents, comme l'année précédente... mais dans la chambre 11, sans Hugo toujours en Guyane, avec qui on « parlait » en Facetime, mais avec Lucie. Eric a raison, j'avais triché au téléphone. Parce que c'était un soir où je n'étais pas très bien. L'année précédente, il y avait un beau sapin, un bon repas et un air de fête. Là, je ne pouvais pas manger et je n'avais surtout envie de rien. Jusqu'à vingt-deux heures trente, ils sont restés près de moi, m'offrant même l'un de mes cadeaux préférés : des cartes-cadeaux Galeries Lafayette. Avant, j'avais adoré aller m'acheter des vêtements de marque, en les choisissant avec un soin méticuleux. Mais je ne réussissais pas à me représenter qu'un jour dans ma vie future, je retournerais aux Galeries Lafayette. Debout ! Clémentine m'a offert un sweat, des gants et une écharpe. J'avais les mains arquées sur des boules de mousse et le corps sous des arceaux, mais j'avais des gants ! Pourtant, je faisais bonne figure parce que ce moment était important pour Clémentine. Tous ses cadeaux étaient comme des prières pour que je sorte. Moi, rien n'aurait pu vraiment me faire plaisir, même tout l'argent du monde. Je voulais juste aller bien, remarcher, ne plus avoir mal. Alors si, UN cadeau m'aurait fait plaisir : de la drogue.

Le 28 décembre, c'était notre anniversaire, une fête un tout petit peu particulière pour Eric et moi depuis toujours, et pour le service aussi. La veille, l'équipe médicale qui ne serait pas là le lendemain est venue nous souhaiter un bon anniversaire, Marie-Doudou en tête. Elle m'a fait goûter une miette de gâteau au chocolat. Ma première miette. Mais je n'avais plus l'habitude des goûts, ou bien ils étaient déformés. L'intention était bonne mais pas la miette. Le jour J, le reste de l'équipe m'a apporté un gâteau aux poires dont j'ai goûté un petit bout à la fourchette. Pas bon non plus.

J'avais des hauts et des bas, et ce jour d'anniversaire où ma famille s'est donné la peine de venir, même nos cousins de Bordeaux et ma tante de Moselle, mon dos me faisait énormément souffrir. J'étais dégoûté. Je me suis efforcé de sourire pour remercier les gens d'être venus, mais j'ai un souvenir très dur de cette journée. Quand Eric est arrivé, alors que je ne l'avais pas vu depuis quinze jours, j'étais tellement ému que j'ai fondu en larmes. On m'a déballé le cadeau qu'il m'offrait :

des baskets et un jogging. J'ai regardé ça comme j'aurais regardé un habit de cosmonaute, un truc fait pour d'autres. Les enfiler n'était pas pour demain.

ERIC

Comme par hasard, le jour de ces cadeaux, c'est le jour où j'ai risqué un coup d'œil sous les arceaux qui soutenaient un drap formant comme une tente au-dessus du corps de Franck. Son torse et son dos cicatrisaient très mal. Ils espéraient que les plaies guériraient mieux en séchant à l'air libre, ce à quoi ils renonceraient finalement au bout de quelques jours. C'était la première fois que je voyais le corps de mon frère, en dehors des « belles » photos de greffe de son dos que Clémentine m'avait montrées. D'abord, ça m'a fait un mal fou. Ensuite, je me suis dit que les baskets et le jogging n'étaient pas d'actualité mais qu'ils étaient un message : « Bats-toi pour les porter un jour ! »

FRANCK

Le lendemain ou le surlendemain, j'allais mieux, et en tout cas, je me souviens avoir éprouvé mon premier plaisir culinaire depuis trois mois : une purée au beurre apportée par Marie-Doudou avec un supplément beurre ! C'est Ludo, l'aide-soignant, qui m'a aidé à la manger, un délice, comme la cuillère de bouillie de saumon qu'il m'a mise dans la bouche. J'ai dit merci, grâce à ma canule phonatoire dont je me servais de plus en plus longtemps et qui permettait aussi que je me nourrisse naturellement. Cette canule avait un don, celui de sauter à l'autre bout de la chambre quand je toussais, et j'expectorais encore beaucoup. De cet agacement, Nico, l'un de mes infirmiers préférés, a fait un jeu et un enjeu. Je ne sais pas pourquoi, je rêvais de Knackis, alors il a passé un marché avec moi. Il a posé une timbale sur nos genoux, et il m'a dit : « Tu as droit à trois coups. Si un jour, tu réussis à envoyer le bouchon pile dans la timbale en toussant, je te rapporterai des Knackis ! » Au bout d'un mois, j'étais passé champion et je mangeais mes Knackis, enfin… un morceau. C'était ce qui était génial avec le personnel de l'hôpital, ils vous soignaient, mais pas seulement, ils vous rendaient la vie.

Je commençais à entretenir avec eux des liens presque amicaux. J'étais le plus ancien patient du service et beaucoup avaient aux alentours de trente ans, à peu près le même âge que moi. Je les faisais rire, parce que j'étais devenu un professionnel de mes pathologies, un patient expert ! Je savais quelle seringue sonnait, laquelle manquait de produit, en me fiant aussi à l'heure indiquée par mon cher réveil. Telle dose durait deux heures, telle autre trois. L'infirmière arrivait, je lui expliquais le problème, elle vérifiait : « Bah oui, c'est ça ! » Quand on voulait me prélever, je disais : « Prélevez là, vous aurez plus de chances ! », ce que j'indique encore actuellement. Les médicaments, je savais comment il fallait les piler dans la sonde, j'étais capable de guider ceux qui étaient en formation. J'étais très précis dans mes indications, très pénible sûrement parfois aussi, mais c'est cette envie de tout contrôler qui m'a aidé à m'en sortir. Comme je ne contrôlais pas mon corps, je me rattrapais sur le reste. Je me réappropriais mon destin.

Le soir du réveillon du nouvel an, mes tout-proches étaient là, avec même François et Hélène, mais manque de chance, c'était un jour « sans ». C'est-à-dire « avec » douleurs. Malgré ma fatigue, j'étais bien conscient de leur effort et de l'importance de leur solidarité, pour moi mais aussi entre eux. Ils n'ont tenu que parce qu'ils étaient soudés. En ce jour exceptionnel, ils ont eu le droit de tous entrer en même temps dans la chambre quelques minutes, même s'ils ont réservé leur gorgée de champagne à la salle d'attente, asepsie oblige. De toute façon, un réveillon au Centre de traitement des brûlés ne pouvait être gai, ni pour eux ni pour moi.

ERIC

Le 31 décembre, j'ai essayé de faire rire Franck. Je lui ai imposé un compte à rebours télévisé avant les douze coups de minuit, avec Patrick Sébastien dont je faisais la doublure voix en chantant dans la chambre. Il aimait tellement la télé qu'il me semble que c'était normal. Dès que j'en trouvais la force, j'essayais de faire le pitre, parfois à ses dépens, gentiment, comme « avant », quand on passait notre temps à « se chambrer ». Comme c'était moi qui le rasais, ou Clém, pour la même raison qu'on lui coupait les ongles des pieds, à savoir que c'est tenu pour un geste chirurgical, je lui ai fait un jour une belle moustache de cow-boy. Elle ne lui a pas plu du tout. J'ai corrigé le tir après, évidemment. Tout sourire que je pouvais lui soutirer était bon à prendre, pour nous mais pour lui avant tout. Il fallait bien égayer l'atmosphère. Et de plus en plus souvent, je réussissais à lui arracher un sourire, voire une blague.

Franck ne se rendait pas compte que « les fêtes » revêtaient pour nous une signification un peu particulière. « Si tout va bien après les fêtes », avait dit Sandrine, et le professeur Mimoun avec elle, on pourrait estimer que le risque vital majeur était écarté, ce dont le principal intéressé n'avait jamais douté. « Majeur », je précise, car ils ont toujours évité de nous dire : « C'est bon, il ne risque plus rien. » Toujours très affaibli sur le plan immunitaire, alité et immobile, Franck n'était pas encore cicatrisé. Ses jambes comme ses bras étaient en plein processus de repousse, encore suppurants, encore bandés parfois. Quant au buste, notamment le dos, il commençait à franchement préoccuper les médecins…

FRANCK

Durant le mois de janvier, l'équipe du professeur Mimoun a décidé de m'embêter… Pour tout. Une succession de désagréments, voire de scandales, comme m'enlever ma drogue ! Vers le 10 janvier, on m'a changé de lit, parce que le lit fluidisé n'était apparemment pas le remède miracle pour mon dos, qui refusait de cicatriser. J'avais détesté la sensation de flottement au début, mais je m'étais fait au moelleux du matelas. Avec un couchage normal, j'avais désormais la sensation d'être couché sur de la pierre ! Des douleurs partout. Quelques jours plus tard, alors que je m'y faisais, en me disant que c'était précisément la vie normale qui commençait à revenir, Kévin a préconisé le retour au lit fluidisé. C'était quelqu'un que j'admirais beaucoup, ne serait-ce que parce qu'il avait été présent pour la plupart de mes greffes. Quand il m'a annoncé que je repartais sur le lit thérapeutique, j'ai répondu : « Non ! Je ne veux pas retourner en arrière. » Il m'a dit : « Ce sera plus confortable et on n'obtient pas les résultats escomptés.» Mais j'étais braqué. Kévin, ce n'était pas un médecin qui vend du rêve, il savait être catégorique : «Si vous ne le faites pas, il y aura des conséquences, mesurez-les...» J'ai répété non. Il a tenté de m'infléchir : «OK, je reviens dans dix minutes. D'ici là, réfléchissez bien.» Quand il est revenu, j'étais toujours buté. Finalement, j'ai eu gain de cause, et j'ai eu de la chance, il n'y a pas eu de conséquences. Mon dos, c'est même ce que j'ai de plus beau. Mais je pense que cela n'a rien à voir avec mon choix. La cicatrisation prend de drôles de chemins : ce qui cicatrise le mieux tout de suite peut se dégrader après, comme ma paupière droite, «nickel» à cette époque, mais plus maintenant malheureusement.

Autre contrariété, Sandrine, ma kiné devenait de plus en plus insistante. Ma bienfaitrice avait l'intention de me réapprendre à marcher, mais plus original, elle voulait que je reprenne l'utilisation de mon portable. C'était un excellent outil pour apprendre à plier les doigts. Je n'en avais aucune envie. Je m'étais habitué à déléguer toute la communication à Clémentine, ce qui reposait beaucoup ! Je ne ressentais aucun manque, complètement désintoxiqué du mobile. Progressivement, au fil du mois de janvier, j'ai retrouvé de l'intérêt à envoyer une photo ou communiquer par Facetime, ce qui ne demande pas l'usage de beaucoup de doigts, ni une grande dextérité. J'étais loin du texto ! Mes collègues, solidaires, m'ont ensuite offert une tablette. J'ai commencé par m'en servir avec un doigt, puis deux. Pour tous les doigts, il a fallu attendre des mois.

C'est aussi le 11 janvier que Sandrine m'a annoncé : « On va vous verticaliser… » « Verticaliser » en français, ça n'est pas « se mettre debout » ! Dans mon cas, cela impliquait une remise en route de la circulation sanguine avant de tenir vraiment debout. Mon corps, allongé depuis trois mois et demi, devait se remettre en marche. Sandrine et des aides-soignants et infirmières ont donc déplacé mon corps du lit à ce que l'on appelle une table de verticalisation, on m'y tenait collé puis on la redressait très doucement, pour que mon corps se retrouve presque vertical, pas tout à fait au début. Il n'était pas question que je pose les pieds par terre parce que j'avais ce qu'ils appellent des « pieds de danseuse », faisant des pointes et complètement tournés en dehors. Mes chevilles avaient perdu la capacité à maintenir les pieds à 90°. Je n'avais plus aucune force, aucun muscle. Je pesais cinquante-quatre kilos. Contre soixante-quinze avant. La sensation du sang qui afflue était horrible, des lancements, comme des pulsations, une révolution des liquides. Le corps continuait à me brûler à cette époque, à me démanger, plus encore les jours de pansements où l'on grattait la peau pour la mettre à vif. J'étais entièrement bandé pendant ces verticalisations. C'était d'autant mieux que je voyais, désormais lucide au changement de pansement, que le sang qui revenait dans mes veines rendait mes jambes noires. La première fois que l'on m'a verticalisé, j'ai pleuré. De douleur comme d'émotion. C'était cinq minutes la première fois, puis ce serait dix minutes, puis quinze, après quoi on me manipulait à nouveau le corps pour me remettre dans mon lit. La première fois, j'ai demandé qu'ils prennent une photo. Pas parce que j'étais heureux d'être debout. Je n'étais pas heureux de toute façon. Ce n'était pas possible d'être heureux. Je l'ai fait pour les autres. Parce que, eux, ils seraient contents. Et j'ai envoyé la photo à Eric d'abord.

ERIC

J'ai reçu la photo quand j'ai pris ma pause, au travail. Un choc. Je ne m'y attendais pas du tout. Mon frère debout ! Vertical en tout cas ! J'ai eu un gros pincement au cœur, à la fois parce que j'étais content et parce que cette image du corps de mon frère était une torture. Allongé, on ne pouvait pas avoir une idée du point auquel il avait fondu. Là, je réalisais qu'il n'avait plus que la peau sur les os, et encore, il était bandé, donc épaissi par les pansements ! J'ai eu tellement de peine…

FRANCK

J'ai regretté d'avoir envoyé cette photo quand Eric m'a dit qu'elle lui avait fait du mal, moi qui étais si content pour lui… Je pensais lui faire plaisir, et seulement plaisir. À bien y regarder, j'étais cadavérique. Quand je me vois aujourd'hui sur cette image, je me fais peur.

Sandrine avait à cœur que je me nourrisse comme un grand garçon. Nous avons commencé modestement par me réapprendre à boire. Avec la trachéo, ce n'était pas évident, une gorgée d'eau gazeuse, qui était immonde, pour stimuler le réflexe de déglutition en décembre, puis nous sommes passés à l'eau normale et je réussissais dorénavant à ne pas trop m'étrangler, enfin à la paille, c'était plus simple, le tuyau de la trachéo faisant en quelque sorte paille quand il était bouché. Je me réalimentais avec des aliments mixés comme les bébés, avec l'aide des aides-soignants. Et on a commencé à me préparer à une « bonne nouvelle », selon eux : un changement de chambre. On envisageait de me faire quitter le secteur 1, celui de la réanimation. Je n'en avais pas hâte, hostile au changement qui ne présageait jamais rien de bon…

Côté famille aussi, il y avait du déménagement dans l'air. Comme j'allais mieux, Clémentine, qui n'avait jamais quitté mon chevet plus de deux jours et méritait de vivre un peu, a prévu de reprendre le travail fin janvier. Je l'y encourageais. Elle m'avait tout donné. Je n'aurais jamais imaginé qu'elle avait une telle force. J'étais éperdu d'admiration. De culpabilité aussi. J'aurais voulu lui faire vivre autre chose… Il était temps qu'elle reprenne une vie un peu normale à la maison. Elle a donc décidé de rendre l'appartement qui lui semblait bien vide et trop grand pour elle sans Eric, Fanny et Nounours, pour terminer le mois de janvier à l'hôtel. Durant un dernier week-end, ils sont donc tous venus à Paris – Eric, Sébastien, le frère de Fanny, Fanny et Nounours.

ERIC

C'était le premier week-end où j'ai respiré à Paris. Avant, nous avions toujours la peur au ventre, la tête baissée sur le chemin entre l'appartement et Saint-Louis. Je suis allé voir un match de Coupe du monde de hand le vendredi soir avec mon beau-frère Sébastien, et on est rentrés à l'appartement en faisant une halte dans un pub, le genre de soirée à Paris qui ne nous serait pas venue à l'idée avant. Nous n'avions jamais pris le temps de quoi que ce soit. L'atmosphère se détendait un peu. Rendre l'appartement était en soi un symbole. Reste qu'en sortant de la chambre de Franck pour aller à Oresmaux retrouver Fanny dont c'était l'anniversaire ce 14 janvier, j'étais vraiment ému. C'était le fait de laisser mon frère et de l'avoir revu dans cet état. Je ne peux pas dire que j'avais oublié, je ne peux pas le dire ! Mais ne plus vivre en immersion donne un recul qui fait prendre conscience de la dimension de la réalité. Réaliser d'où l'on vient. Et où l'on doit encore aller…

FRANCK

En prévision de mon retour à la vie normale, je veux dire une chambre hors réa, une nouvelle terrible est tombée le 21 janvier : on allait m'enlever mon cathéter. J'ai tout de suite traduit : je serais désormais privé de bolus ! Bien sûr, l'équipe médicale diminuait la sédation de façon croissante depuis quelque temps. C'était déjà très désagréable, surtout au moment des pansements, quand l'anesthésie commençait à se dissiper. Un bolus pouvait être bienvenu. M'enlever le cathéter qui permettait les shoots, c'était le pire que l'on puisse me faire. À la fin, je dois avouer quelque chose… je réclamais des bolus pour le plaisir, ou plutôt par addiction, même quand la douleur était gérable. Je comprenais les camés, moi à qui la drogue avait toujours paru étrangère, le sport me semblant tellement plus excitant. Elle a deux avantages : elle anesthésie la souffrance physique, mais aussi la pensée. Et il valait mieux que je pense peu.

Pendant une semaine, alors que je resterais très sédaté, sous morphine et anxiolytiques pour plus d'un an encore, mon corps m'a lancé de partout. Mon buste ne cicatrisait pas, mes plaies étaient encore nombreuses, mais s'y sont ajoutées toutes les douleurs du manque. Courbatures énormes, suées, j'étais sous tension, à cran, incapable de dormir, même avec les somnifères. Je vivais recroquevillé sur mon lit. J'étais capable de hurler des délires : « Je veux courir à poil dans la rue ! », « Je veux être libre ! » C'était n'importe quoi, si bien qu'un jour à son point culminant, les médecins alertés sont tous arrivés dans ma chambre. Je suis désolé, mais je les ai insultés ! Même le docteur Ferry, une femme pour qui j'avais pourtant le plus grand respect. Très pro, elle a écouté quelques secondes, et elle a tourné les talons sans commentaire, et sans manifester la moindre émotion. Rétrospectivement, je me dis qu'avec un peu de chance, elle a l'habitude. Ça doit être écrit dans les livres de médecine.

Mes cauchemars ont repris de plus belle, des cauchemars nocturnes ceux-là, pas des hallucinations. C'était entre autres de la réalité vécue que je « rêvais ». Les images de l'accident avaient commencé à revenir fin novembre, sans d'ailleurs que je trouve à l'explosion la moindre explication, comme une étincelle ou autre. Je revivais désormais la scène éveillé, et j'en inventais d'autres quand je dormais. Les cauchemars avec des flammes me poursuivaient. Par exemple, mes voisins que j'adore à Berteaucourt-lès-Thennes étaient dans un camion contenant une bouteille de gaz, elle explosait, le camion était en flammes, et je les regardais mourir dans le feu sans pouvoir les sauver... C'était horrible. Depuis le début, mes proches avaient pris l'habitude de se précipiter sur la télé quand il y avait des images d'incendie ou d'explosion en s'écriant : « Regarde pas ! Regarde pas ! » J'étais incapable de regarder, je le suis encore, et je le serai sans doute toujours. Mais le problème, quand on m'a enlevé le cathéter, c'est que ma tête faisait télévision, et qu'il n'y avait pas moyen de l'éteindre !

Trois jours plus tard, le docteur Benyamina m'enlevait la trachéotomie. Elle me permettrait de réapprendre à manger vraiment, et tout de suite, de me plaindre oralement, comme un être humain normal. Enfin ! Il n'y a que les morts qui ne parlent pas, et qui sont allongés. Être vertical, c'est être dans le monde des vivants, ne plus vivre en cadavre, je commençais à le réaliser. Et le meilleur du monde des vivants, c'est encore de prendre celle qu'on aime dans ses bras. Un jour, Clémentine est arrivée dans la chambre alors que j'étais en fin de séance de kiné, debout. Sandrine m'avait réappris l'équilibre, assis d'abord sur le bord du lit. J'avais perdu toute notion de mon corps et ce n'était pas si évident. Au fauteuil, je restais cinq minutes avant de souffrir et d'être remis au lit. Je n'avais plus rien dans le dos, plus aucun muscle, pas davantage dans les jambes. C'était une épreuve. Comme j'étais debout, j'ai donc demandé à tenir Clém contre moi, et je l'ai serrée dans mes bras pour la première fois depuis des mois. C'était bouleversant, comme une première fois mais en mieux, puisque c'était inespéré, et que j'avais su entre-temps ce que j'avais perdu. Nos corps étaient collés, c'était magique. Magique mais pas érotique parce que c'est une dimension que j'avais totalement perdue de vue. Entre le corps meurtri, le moral à zéro et les médicaments, j'avais le cocktail complet pour n'avoir aucun désir. Il faudrait du temps. Reste que Clémentine se souvient de ce jour-là aussi bien que moi, avec la même émotion. On n'en revenait pas. Après, j'étais crevé !

Comme tout rentrait dans l'ordre, il paraît, le jour de mon changement de chambre est donc arrivé, le 30 janvier.

ERIC

Le 30 janvier est une date qui restera gravée dans ma tête. Je crois qu'il me fallait la sortie de mon frère de réa pour commencer à bien dormir. Rien n'empêcherait les angoisses et les inquiétudes, mais j'ai commencé à me reposer, à lâcher la pression. J'allais voir Franck dès que mon planning en horaires décalés me le permettait, toujours ému de prendre mon train à Longueau, si pressé de ce rendez-vous que j'ai été capable de laisser ma voiture garée sur un stationnement qui me faisait risquer l'enlèvement de véhicule pour ne pas rater mon train ! La chambre 34 me semblait parfaite tant elle symbolisait le retour à la vie. Symbole supplémentaire, Franck a été mis directement en secteur 3, au lieu de passer par le palier des chambres commençant par un 2, quand le patient se porte moyennement bien, ce qui était le plus fréquent. C'était pour des questions de disponibilité principalement, mais enfin une chambre qui commençait par un 3, c'était chic ! Une chambre comme j'avais pu avoir moi. Mon frère a hérité de la 34. J'avais séjourné dans la 35 et la 33. Je trouvais que cet encadrement était bon signe !

TROISIÈME PARTIE

Chambre 34 du Centre de traitement des brûlés

Hôpital Saint-Louis

30 janvier – 4 mars 2017

FRANCK

Comme prévu, je n'étais pas content de ma nouvelle chambre. On me faisait miroiter comme une grande chance d'être allé directement en secteur 3, sans passer par le palier intermédiaire du 2 : je n'étais plus en danger. Mais le danger n'avait jamais été mon problème ! Je l'avais ignoré. Pour me protéger peut-être. Et sur le plan du confort, j'ai beaucoup perdu dans cette chambre. Elle était beaucoup plus petite, puisqu'elle ne faisait pas bloc opératoire, et je tournais le dos aux vitres. Clém m'a apporté un miroir pour que je voie dehors. Le plus gros inconvénient, c'est que j'ai eu dans la 34 encore plus d'ennuis !

On s'obstinait à me faire manger. Du non-mixé ! Le premier test avait eu lieu avec Sébastien, le frère de Fanny, le 14 janvier. Il m'avait donné des miettes de steak et des pommes de terre rissolées. Moyen. Avec le goût des médicaments dans la bouche, ce n'était pas comme dans mon souvenir. Manger est resté pour moi une corvée pendant des semaines. D'abord, je n'avais pas très faim à cause des morphiniques et autres produits, connus pour couper l'appétit. Ensuite, c'était bien plus compliqué que de se laisser porter par la sonde nasogastrique, puis par les purées. Je devais désormais attendre que le repas arrive, pas forcément quand je voulais, puis être aidé par un aide-soignant pour couper les aliments comme pour les manger. Mes mains étaient incapables de serrer des couverts, et mon bras n'avait pas l'amplitude nécessaire pour que je porte une fourchette à ma bouche. Le plaisir est revenu par des envies subites, comme le bout de Knacki apporté par Ludo, et surtout, le gâteau battu que mon chef de chez Additek, Jacques, m'avait apporté. C'est une spécialité picarde, un genre de brioche bien grasse, et j'étais aimanté par le beurre ! Le lendemain matin, j'ai réclamé le bout qui restait. Mon ventre a retrouvé doucement la mémoire. Cela dit, je sautais le déjeuner un jour sur deux, puisque les pansements sous anesthésie massive, même si elle n'était plus totale, interdisaient l'alimentation dans les heures qui suivaient.

Sur le plan de la mobilité, avec Sandrine, on travaillait de plus en plus. D'abord quelques minutes, puis une demi-heure, et on finirait à deux heures et demie de suite. Je réapprenais à bouger mes bras, mes jambes, ma nuque, mes mains avec plusieurs doigts, mais surtout à aligner des pas. J'ai commencé par en faire deux avec le déambulateur, avec deux personnes pour me soutenir, parfois flanqué d'un ou deux kinés de plus et toujours d'aides-soignants parce qu'il fallait parer à tout. Je portais des bas de contention par-dessus les pansements pour éviter les œdèmes. Mes muscles retravaillaient… Et il s'est produit en février comme un déclic, un réveil de ma mentalité de sportif!

C'est devenu un défi. Il fallait toujours que je fasse un petit peu plus que ce que l'on m'avait demandé, aller au-delà de la performance, flirter avec ma limite. Ce n'était pas de l'envie, ni une activité mêlée de joie, mais cette prise sur mon mental me donnait un but, une chose à laquelle penser. De la même façon, la séance de kiné avait l'art de me mobiliser et j'ai fini par la guetter comme un moyen de tuer le temps, en m'occupant autrement qu'avec la télé, qui me vidait la tête plus qu'elle ne me l'emplissait. Quand Sandrine arrivait, j'étais content. Je n'avais plus la compagnie quotidienne de tous mes proches, même si je n'ai jamais connu un jour sans visite de l'un d'eux, pendant les cinq mois qu'a duré mon hospitalisation, ma chance. La séance de kiné matinale est devenue toute ma vie, un peu comme le sport dans ma vie d'avant. J'en voulais. Je me testais. Et je n'avais pas peur de forcer un peu. Un jour, alors que la séance de déambulateur touchait à sa fin et que je me trouvais face au lit, je l'ai lâché, je me suis décalé, j'ai fait un demi-tour sur moi-même, et je me suis assis sur le lit. Tout seul. Comme un grand ! Toute l'équipe s'est écriée : « Bravo ! Victoire ! » Combien de fois ai-je entendu l'équipe soignante lâcher : « Non, mais t'as vu ?! C'est génial ! » Je progressais. Quelque chose bougeait dans ma vie, c'était déjà bien.

L'autre grand moment fut le jour où, après avoir fait quelques pas hors de ma chambre, j'ai soudain lancé à Sandrine et à Christine, une nouvelle kiné espagnole : « Avant de me rasseoir sur mon lit, je voudrais juste vous demander un truc qui me ferait vraiment plaisir... » Je rappelle que j'avais perdu toute pudeur avec le personnel soignant. Et depuis quelques jours, on m'avait donné un urinoir. Un vrai, en dur. J'ai lâché : « Je voudrais pisser debout ! » Elles ont éclaté de rire : « Pas de problème, s'il n'y a que ça pour vous faire plaisir... » Elles m'ont tenu l'urinoir. Et j'ai donc pissé debout ! Comme un mec. Ce n'était pas arrivé depuis quatre mois. Après, je l'ai dit à tous les infirmiers : « J'ai pissé debout ! J'ai pissé debout ! » La nouvelle a fait le tour du service.

Et puis le 31 janvier, Sandrine m'a dit : « Vous savez quoi ? On va faire une surprise au professeur Mimoun !... On va aller le voir ! » J'étais plus que partant ! À eux deux, je leur dois tout.

Avec la chambre 34, je me familiarisais avec le professeur Mimoun. Bien sûr, je le voyais presque tous les jours avant, dès l'œil ouvert le 16 octobre. Je l'écoutais, je souriais, un peu plus au fil du temps, mais je ne pouvais pas dialoguer avec lui. Il était beaucoup plus complice avec Eric au départ, devenu quasiment son collaborateur le plus proche en faisant « usine à peau », disait le professeur en souriant. Il le tutoyait déjà quand il s'est mis à me tutoyer, je pense. En revanche, même après des mois et des années, nous, nous ne pourrions jamais le tutoyer comme il nous l'a suggéré quand j'approchais de la sortie et que nous étions tous les trois devenus plus familiers. On le respecte trop. Beaucoup trop. À la hauteur de ce qu'il a fait.

On a commencé à parler. À rire aussi, parce qu'il est drôle. Il m'encourageait, il me félicitait, il me soutenait, et il était si visiblement content quand il me voyait que je n'osais pas trop me plaindre devant lui. Que je sois en vie, je crois que c'était sa récompense et quand il montait entre deux consultations ou tard le soir après avoir fini une intervention, il repartait requinqué. Il n'en revenait pas de voir mes progrès, et souvent, il prenait une photo en s'exclamant : « Non, mais tu te rends compte de ce qu'on a fait ? C'est extraordinaire ! » Il est difficile de dire que vous êtes déprimé à quelqu'un qui est si heureux de vous voir en vie. Enfin… avec mes proches, je m'en donnais le droit, mais pas avec lui. Je me suis rendu compte petit à petit que j'étais un peu son chouchou, comme j'étais celui du service, on ne me choyait pas plus que les autres, mais j'étais un cas à part. Quand je lui demandais quand je sortais, il me disait toujours : « Il ne faut pas faire n'importe quoi. Il faut que tu sois bien retapé, bien en forme ! » Il avait toujours peur pour moi. Il avait hâte que le temps passe et que je progresse. Il m'a dit un jour : « J'ai un rêve. Quand tu commenceras à remarcher, je voudrais partager tes premiers pas en marchant avec toi dans le parc de l'hôpital Saint-Louis. Il est très beau. Ça me ferait vraiment plaisir ! » J'ai promis. Moi, aller marcher avec un grand chirurgien professeur, je trouvais ça un peu dingue, c'était beaucoup d'honneur. En même temps, le père de ma seconde vie se devait d'accompagner mes premiers pas…

Quand nous sommes partis en expédition avec Sandrine pour aller voir le professeur dans son bureau du rez-de-chaussée, deux étages en dessous, je n'en étais pas là. Au-delà de deux mètres de distance à parcourir j'étais encore en fauteuil. C'était déjà très douloureux pour mon dos – ses muscles mais aussi ses brûlures qui guérissaient mal –, mes fesses me brûlaient, avec la sensation assis d'être planté directement sur mes os. Je découvrais le CTB. Je comprenais ce que m'avaient expliqué Clém et Eric, que j'avais vécu dans un espace totalement stérile, à un étage spécial où l'on ne pénètre dans le couloir qui dessert les quinze chambres qu'après s'être bien désinfecté les mains dans le sas, en enfilant sa blouse en papier ; je visualisais enfin. En bas, il y avait un espace hospitalier normal, où l'on pénétrait par l'extérieur avec son sac et son manteau. Dans la salle d'attente se trouvaient des gens normaux, et ça faisait du bien, après ces mois, de voir des gens pas habillés en blouse, des patients normaux venus pour une chirurgie reconstructrice ou esthétique. Je ne croisais pas davantage les patients brûlés à mon étage, tous dans leur lit. Les autres allaient trop mal, capitonnés dans leur chambre stérile, et quand ils allaient mieux, ils partaient en centres de réadaptation ou rééducation. Je serais le seul à faire quelques pas dans le couloir à la fin.

On a frappé à la porte sans attendre notre tour puisque c'était une visite surprise. Le professeur s'est levé de son bureau. L'étonnement s'est affiché sur son visage, et tout de suite après, la joie. Une immense joie.

Début février, je réussissais à aligner trois pas. Soutenu évidemment, avec en plus le déambulateur. Il y aurait des jours de stagnation. Et puis d'un coup, une progression énorme d'une semaine à l'autre. Il m'a semblé que j'étais en mesure de faire une grosse surprise à Clém. Il m'a fallu plusieurs jours et la complicité de l'équipe soignante pour monter mon coup. Elle devait venir déjeuner le vendredi midi, avant de rester le week-end à Paris. J'ai décidé de la sortir ! À la cafétéria de Saint-Louis ! Chez les gens de la vraie vie ! J'étais tellement content de mon idée que j'ai passé la semaine à trépigner, sur place évidemment, à attendre fébrilement que le vendredi arrive !

De bon matin ce 3 février, date inoubliable, tout le monde s'est mis en branle pour ce grand événement. Les infirmiers m'ont fait tout beau, ce qui prenait un bon bout de temps. Ils m'ont aidé à enfiler mes cadeaux de Noël et d'anniversaire, le bas de jogging que m'avait offert Eric et le sweat que m'avait offert Clém par-dessus mes bandages, et mes belles baskets toutes neuves, sans les lacets parce qu'il ne faut pas exagérer. Enfin… je n'ai enfilé qu'une manche de sweat, parce que mon bras gauche, le plus abîmé, n'avait aucune amplitude. Je découvrais qu'enfiler un haut est une grande gymnastique. N'empêche, je me trouvais fière allure. Je n'avais rien porté d'autre que des pansements depuis le mois d'octobre, à l'exception d'un pyjama de patient lors de deux expéditions hors de ma chambre. Manque de chance, Clémentine m'a appelé sur le chemin de Saint-Louis : « J'arrive avec mon pique-nique ! » J'ai menti de façon très louche : « Ah non, non ! N'apporte surtout rien ! Les infirmiers m'ont promis un bon plat, et il y en aura pour deux ! » Elle m'a dit : « C'est pas grave, j'arrive, tu goûteras mon truc aussi. » Elle allait tout mettre par terre ! J'ai un peu haussé le ton : « Si, si, c'est grave ! Je ne veux pas voir de la nourriture de l'extérieur ! » Elle a dû penser que je devenais franchement caractériel, mais elle ne voulait pas me contrarier, alors elle a rebroussé chemin pour aller déposer son repas à l'appart-hôtel, son nouveau refuge à Paris. Quand elle est arrivée, les infirmiers l'ont retenue dans la salle d'attente sous prétexte de ménage de la chambre. Et je suis arrivé du couloir, habillé comme un roi sur son fauteuil, poussé par Justine, une aide-soignante. Je lui ai lancé : « Je t'emmène déjeuner ? ! » Elle en a pleuré de bonheur, et j'en ai pleuré avec elle.

Clémentine a pris une photo de moi, qu'elle a accrochée avec une pince à la lampe de chevet à Berteaucourt-lès-Thennes. Elle disait que cette photo de moi, habillé pour la première fois, lui mettait un peu de baume au cœur avant de s'endormir avec le chat. La photo n'a pas quitté la lampe jusqu'à aujourd'hui.

Ce déjeuner a tout de même failli me coûter ma santé. Le soir même, parce que j'avais croisé les germes du monde extérieur que mon organisme ne reconnaissait plus, j'ai fait une énorme poussée de fièvre ! Tout a un prix. L'aventure valait le coup. Mais je n'éprouvais pas le bonheur que l'on peut imaginer. Je faisais tout pour faire plaisir aux autres. Moi, une fois passé l'exploit, je retrouvais mon sort, et il n'était pas très gai.

Apprenant ma fugue, le professeur Mimoun est venu me voir. Il m'a lancé en souriant : « Mais dis-moi… Tu n'aurais pas oublié ta promesse ? Tu m'avais promis de me réserver tes premiers pas… » J'avais complètement oublié ! Mais il a tout de suite ajouté : « Tu sais quoi ? Tu as raison ! Je ne peux pas rivaliser avec Clémentine ! »

ERIC

Franck m'a bien sûr envoyé une photo de sa sortie déjeuner avec Clém, qui m'a marqué presque autant que lui. Je ne m'y attendais pas du tout. Il l'a assortie d'un message banal comme : « Je sors déjeuner à la cafét, salut ! » J'étais fou de joie. Comme les repas à la cafétéria de Saint-Louis étaient vraiment bons, je lui ai répondu sur le même ton : « Génial ! Fais-toi plaisir ! » Voir mon frère habillé, avec de « vrais » vêtements, étrennant ses cadeaux ! J'ai reçu beaucoup de chocs, heureux ceux-là, dans la chambre 34 : le trouver un jour assis dans sa chambre en arrivant, le voir faire des mouvements sur son lit, comme se tourner légèrement sur le côté, le voir plier un peu ses jambes ou se gratter avec une cuillère à long manche, destinée au départ à ce qu'il s'alimente seul et dont il avait détourné l'usage. On tournait résolument le dos à la chambre 11 et ses mauvaises nouvelles en cascade. Franck commençait aussi à envoyer des textos, même si ce n'était pas en se servant de tous ses doigts. Il avait recouvré une mobilité suffisante pour que l'on s'appelle souvent en Facetime grâce à la tablette que ses collègues lui avaient offerte. J'avais besoin de voir mon frère, c'était physique.

FRANCK

La plus grosse avancée au mois de février fut la marche. Des petits pas si j'étais bien soutenu. Je réussissais aussi à rester au moins une heure assis. Je me sentais un peu mieux, malgré mes problèmes de cicatrisation, et j'ai poussé Clémentine à partir au ski avec toute sa famille – ses parents, sa sœur Lucie, son frère Hugo rentré de Guyane. Il m'avait offert une belle casquette qui me permettait de camoufler le morceau de mon crâne dégarni à l'arrière, soit à cause des flammes, soit à cause de l'alitement prolongé. Cette séquelle faisait partie de celles que je ne pouvais pas ignorer tandis que j'essayais encore de fuir mon corps du regard quand on m'enlevait les pansements. Clém est donc partie, cinq jours, et pas une semaine comme j'avais tenté de l'en convaincre. Elle m'appelait tous les jours et n'avait pas manqué d'organiser un relais des visites à mon chevet. Je me sentais un peu perdu sans elle, mais j'étais heureux qu'elle s'éclate, de la voir sourire dans la neige et non dans une chambre d'hôpital. Les photos, le mobile, ont été nos plus grands alliés durant toute mon hospitalisation. On dit que c'est virtuel, mais le bonheur des autres est bien réel, et le plaisir que j'y trouvais était bien réel aussi, précieux.

Je commençais à croire que j'allais les rejoindre un jour dans la vraie vie. J'étais à la fois impatient et anxieux à l'idée de quitter Saint-Louis. Impatient pour les raisons que l'on peut imaginer, quitter cet univers où je vivais enfermé depuis des mois, même si l'équipe y était géniale. Mais justement, j'étais anxieux parce que les infirmiers me le disaient : « Ne crois pas que tu vas être cocooné comme ça, à Coubert ! Que tu vas sonner et quelqu'un arrive ! » Personne ne resterait trois quarts d'heure dans ma chambre à discuter, même si Eric me jurait : « Si tu sonnes, ils viendront, on va pas te laisser en plan ! Et puis, c'est pas des monstres ! » Pour moi, c'était le grand saut dans l'inconnu, avec plein de patients, alors qu'au CTB, nous étions quinze, chacun dans notre chambre. J'allais quitter ma bienfaitrice, Sandrine, et mon deuxième père, le professeur Mimoun, dont je voyais bien qu'il était obnubilé par mon cas, passant tous les jours et jugeant chaque fois : « On va encore attendre un peu pour Coubert… » Ma sortie a été repoussée deux ou trois fois, parce qu'il craignait encore les infections. J'étais encore bandé des membres, le dos toujours récalcitrant à la cicatrisation. Parfois, je m'agaçais que les choses n'aillent pas assez vite, parfois je redoutais mon départ. J'étais un peu comme chez moi, à Saint-Louis, et j'allais arriver dans un lieu nouveau, où je ne connaissais personne. J'avais peur. En plus, c'était loin. Je n'avais jamais été si loin des miens.

ERIC

La veille du départ de Franck de Saint-Louis, le 1er mars, je suis venu le voir à l'hôpital et j'étais plus enthousiaste que lui. C'était une étape positive, symboliquement forte. Il allait bénéficier du grand air, être au milieu des arbres, il y avait même une piscine ! Nous n'avions pas réalisé qu'évidemment, avec ses blessures non cicatrisées, Franck n'y mettrait jamais les pieds. Mon frère ne partageait pas notre joie. Lui se posait un tas de questions là où nous, nous ne voyions que des solutions : il allait guérir, il allait remarcher, il allait retrouver une vie sociale. Ce qui était dur, et qui le resterait, c'était d'imaginer qu'il serait à deux cents kilomètres de nous. Je ne pourrais plus envisager de sauter dans un train pour aller l'embrasser, ou ce serait beaucoup plus compliqué.

FRANCK

Quand je suis parti dc Saint-Louis, tout le monde pleurait…

QUATRIÈME PARTIE

Centre de réadaptation Coubert

2 mars – 3 août 2017

FRANCK

Après deux heures de route en ambulance depuis Paris jusqu'en Seine-et-Marne, accompagné par Hugo, le frère de Clémentine, je suis donc arrivé au Centre Coubert. En l'espace de vingt-quatre heures, je savais déjà que je n'étais pas content. D'abord, nous étions effectivement au milieu des bois. C'est bien joli, mais le portable passait mal. Je suis devenu fou des centaines de fois parce que les conversations étaient hachées ou coupées, qu'il fallait toujours demander aux gens de répéter ou de rappeler, au point qu'avec Clém, on finissait souvent par laisser tomber. Clém pense même qu'il y avait un brouilleur parce que sur la porte de l'accueil, il y avait un sigle de téléphone barré. Je n'aimais pas beaucoup Facetime et Skype, même si Eric adorait ces moments, parce que l'exercice me demandait de bien me tenir et de faire une bonne tête. Or, je n'avais pas toujours envie de faire une bonne tête. Mon sentiment de solitude était démultiplié par ces problèmes de communication. Ma chambre, au premier étage, ressemblait à une chambre d'hôpital, je ne parle pas de la 11, qui ressemblait à une navette spatiale, mais de la 34, sauf qu'elle était encore plus petite, garnie d'une petite table et bien sûr, d'une télé. En bas, il y avait le réfectoire où j'étais encore incapable d'aller. Il me manquait au moins vingt centimètres d'amplitude pour approcher une fourchette de ma bouche. Dès le premier soir, j'étais triste, et le lendemain, franchement paniqué : on m'avait promis la douche.

Je n'avais pas reçu une goutte d'eau sur le corps depuis le matin du 26 septembre. On était le 3 mars. Avant d'y être emmené, j'ai pleuré comme un gosse avec Clém au téléphone tellement j'avais peur : « Ils vont venir me chercher ! Je ne veux pas y aller ! » Clém me rassurait : « Ça va te faire du bien, tu verras, il ne t'arrivera rien. » Mais il faut comprendre que j'avais peur de tout, des bruits, des gens, des choses. J'avais vécu entouré, dans un milieu aseptisé, avec un peu « Papa-Maman » tout près de moi, et c'était fini. Il n'y aurait personne pour me défendre.

La douche était au bout du couloir. Deux aides-soignantes m'ont mis sans affection particulière sur un lit médicalisé à roulettes entouré de barrières dont le revêtement sans matelas était dur et plastifié. Il faisait froid. Et je ne « portais » que mes bandages et un caleçon. Elles m'ont roulé jusqu'à la douche, dans une pièce vétuste et glaciale qui rappelait la guerre de 14 ou une autre, qui inspirait l'enfer. J'ai respiré à pleins poumons le gaz anesthésiant qui s'ajoutait au cocktail d'anxiolytiques et de morphiniques, le même qu'à Saint-Louis lors du changement de pansements. À Coubert, j'apprendrai que son nom était plein d'humour : le Calinox! Mais je n'en ressentais aucun bien-être. J'avais encore très mal à certains endroits. Elles m'ont coupé mes bandages, enlevé mon caleçon, et je me suis retrouvé nu comme un ver à leur merci, comme je commençais à en avoir l'habitude, sans plus de pudeur aucune. Pour autant, on n'est jamais blasé d'être manipulé comme un objet. Le lit avait la possibilité de s'incliner pour que le patient incapable de se tenir debout puisse être douché dessus, avec un trou en bas pour l'écoulement de l'eau. Et elles ont ouvert la douchette.

Le contact des gouttes giclant sur mon corps a commencé par être terrifiant. Les sensations étaient inégales, très fortes ici, moins là, la peau n'étant pas de même qualité, des blessures ici, pas ailleurs, une peau durcie là, pas ailleurs, épaisse ici, fine jusqu'au sang ailleurs. J'ai mis quelques minutes à en ressentir les bienfaits, la sensation oubliée d'être frais et propre. Une révélation délicieuse. C'est là que j'ai eu la perception de mon corps pour la première fois. Elles n'étaient plus que deux à s'affairer autour de moi au lieu de l'équipe de cinq-six habituelle à Saint-Louis. Même sans avoir toute ma lucidité, et en m'appliquant à ne pas trop regarder, une idée commençait à se former dans mon esprit : j'avais un corps de monstre. J'allais le détailler plus tard, devant cette malheureuse glace présente dans le coin lavabo de ma chambre. Tant que j'ai eu les pansements, je me suis appliqué à repousser le bilan.

Après la douche, les deux aides-soignantes m'ont tartiné de couches de crème grasse beaucoup plus épaisses qu'à Saint-Louis, et rebandé tout le corps, sauf les fesses et les doigts. Le premier jour d'un rituel. Tous les deux jours, cette séance à Coubert serait ma hantise. Un matin sur deux de bonne heure, il fallait que je me dépêche d'avaler mon petit-déjeuner pour être allongé à l'heure dans ce qui m'apparaissait comme une baignoire roulante pour bébé. Ensuite, j'allais grelotter dans la salle de douche tant que les beaux jours ne seraient pas revenus, me faire gratter les croûtes qui restaient, et j'étais rebandé. Les premiers jours, je ne voulais pas m'habiller. Je n'en avais pas envie. J'avais le blues de Saint-Louis, de mes proches, d'une forme de dorlotage. Je ne quittais pas beaucoup ma chambre et les séances de kiné étaient assez modestes pour que je n'aie pas besoin de beaucoup d'espace. Je n'étais pas encore capable de m'alimenter seul, encore moins de rejoindre le rez-de-chaussée où se trouvait le réfectoire. On me donnait la becquée avec un plateau-repas, comme à un gosse. Tous ces gens nouveaux – il allait falloir que je m'y habitue – me demandaient : « Alors, il vous est arrivé quoi, à vous ? » Trois à quatre fois par jour les premiers temps, à chaque endroit, il faudrait que je raconte ma vie, mon accident, et je n'en avais pas envie, même si les questions des gens sont naturelles et peuvent partir d'un bon sentiment. J'étais miné. Seul, loin de tous, et miné.

Il n'y avait qu'un point positif, et cela dès le lendemain, c'était d'envisager une forme d'autonomie avec un fauteuil roulant qui est vite devenu mon plus grand allié, le synonyme de la semi-liberté. J'en ai rapidement maîtrisé le mécanisme, avec un joystick que je pouvais manipuler d'une seule main, et cinq vitesses. J'allais devenir un fou du volant, mais j'en étais encore au début à supplier qu'on me remette au lit tant la position assise dessus dans ma chambre me fatiguait. Sur le fauteuil, mes jambes restaient légèrement allongées faute de pouvoir les plier. Les articulations étaient restées longtemps inactivées après avoir souffert dans les flammes.

ERIC

Quand j'avais Franck malheureux au téléphone, je me disais qu'il allait s'habituer à Coubert, qu'il lui fallait un peu de temps pour apprivoiser son nouvel environnement comme les nouveaux visages, après avoir passé tant de temps très entouré. Le 10 mars, quand je suis allé le voir, Clémentine était arrivée la veille et avait commencé à le réconforter. Du coup, il m'a accueilli avec un grand sourire, faisant l'idiot avec son fauteuil au point que j'en ai fait une vidéo. J'étais vraiment heureux de le voir dans ce décor, une chambre thérapeutique mais en même temps personnalisée, un peu comme une chambre de maison de retraite. Il avait son cher réveil, la télé, son mur de photos (Clém, son chat, nous, la famille) qu'il changerait régulièrement, ses petites affaires rangées dans une armoire, et ses chocolats, qu'il ne pouvait pas encore déballer tout seul, mais l'appétit était revenu. Ce qui m'avait marqué, c'est qu'il devait porter le soir des orthèses aux doigts qui le torturaient pendant un quart d'heure. C'était un genre d'appareil en plastique qui tenait les doigts repliés sur eux-mêmes pour bien étirer la peau. Il a fini la séance avec les doigts violets. Il se plaignait aussi de la poche de sa stomie. Quand il était à Saint-Louis, principalement allongé ou soutenu en permanence par le personnel quand il était mis debout, elle ne le gênait pas. Elle était posée ou bien scotchée. Mais comme il devait plus souvent changer de position, d'assis à debout, sans parler des heures de kiné, d'ergothérapie, etc., il craignait toujours une fuite. Et même sans fuite, il en émanait parfois des odeurs et des bruits dont il était gêné, notamment quand d'autres personnes que Clémentine et moi étaient présentes. Son problème particulier, c'est que l'irrégularité de la surface de sa peau greffée ne permettait pas une bonne adhérence.

Tout le monde viendrait voir Franck à Coubert ou presque, la plupart de ceux qui étaient venus à Saint-Louis : mes beaux-parents, les parents de Clém bien sûr, nos parents et même une bonne partie de l'équipe de chez Additek. Et enfin, dès le lendemain, François et Hélène nous ont rejoints, d'abord seuls, et un mois plus tard avec leur petite Romane qui avait six mois. C'était la première fois que Franck la voyait, il était fou de joie. Il l'a prise sur les genoux sur le fauteuil. Clémentine et lui étaient bouleversés. C'était enfin une scène touchante de la vie normale, dont ils nous ont envoyé une photo, comme toujours.

Les visiteurs devaient s'en aller à vingt et une heures. Ce n'était plus les horaires élastiques de Saint-Louis. Ce premier soir, je suis parti un peu réconforté. Même si je savais que mon frère allait souffrir à réapprendre tous les gestes ordinaires, je savais aussi que c'était un guerrier, qu'il était capable d'affronter l'effort. Le voir là était pour moi l'essentiel et je ne sais pas si j'étais vraiment à l'écoute de ses plaintes parce que je voyais le verre à moitié plein quand il le voyait à moitié vide. Je suis allé dormir à l'hôtel Campanile de Brie-Comte-Robert, dont j'allais devenir un habitué, comme Clém.

Je suis allé à Coubert toutes les deux semaines et demie environ, pour trois jours chaque fois. Franck « travaillait » désormais jusqu'à dix-sept heures, alors je devais m'occuper. Je me suis remis à vraiment courir, tous les jours. J'étais vraiment en forme. Je suis un très mauvais élève, et le professeur Mimoun me l'a assez dit, mais je ne mettais pas mes compressifs destinés à lisser la peau. J'ai eu la chance qu'elle se débrouille toute seule, au point qu'en visite de contrôle, il doit bien le reconnaître : « C'est parfait ! Ce n'est pas ce que je t'ai vendu, c'est bien mieux ! » Je m'attendais à de vraies séquelles. Je garde juste sur les cuisses et le dos des marques de légers coups de soleil, étrangement bien découpés quand même, comme si le soleil avait suivi un patron de couture ! Et encore, il faut compter deux ans pour avoir une idée de l'aspect définitif, et je n'en suis qu'à un an et demi.

Souvent, j'arrivais au Centre en avance, vers seize heures, impatient de voir Franck. J'attendais mon frère dans sa chambre. Quand il arrivait de sa séance de kiné, il était bien content de me trouver déjà là. Franck réclamait parfois un petit massage, une coupe de cheveux, mais il était beaucoup moins dans la demande qu'avant. Davantage dans la colère et moins dans la douleur, même s'il restait sous morphine : soixante milligrammes en libération prolongée, et soixante en prise instantanée. C'est énorme. Les doses seraient diminuées progressivement sur plus d'un an. Je déduisais qu'il allait mieux quand je l'entendais râler : « Tu ne crois pas que c'est un planning illogique ? Je me lave le matin, je fais kiné en suant l'après-midi, au lieu de l'inverse ! » Ou encore : « Je dois aller en kiné, revenir dans ma chambre, aller en ergothérapie trois heures après, tu ne crois pas qu'ils auraient pu enchaîner les deux ?! » Il suffisait qu'on lui change une habitude pour qu'il ne soit pas content. Je me disais : « C'est bon, il s'attache à sa petite vie bien organisée, il râle, il reprend du poil de la bête ! » Physiquement, d'une fois à l'autre, les progrès étaient spectaculaires, et s'il le sentait, il demandait : « Je sors bientôt, tu crois ? » Je ne lui faisais pas part de mon sentiment, qui était qu'il en avait pour l'année entière. Il persistait en lui une tristesse. Je me disais que son mal-être passerait.

FRANCK

Je ne pouvais pas aller bien. Je n'étais pas heureux. J'étais mal dans mon corps qui me meurtrissait, me brûlait, me tirait. Je me sentais à l'étroit à l'intérieur. Une couturière de la maison était venue prendre des mesures pour me faire des compressifs artisanaux et provisoires en jersey : gants, manchons, bras, torse. Seules les jambes restaient sans parce que très abîmées. Le dos l'était aussi, mais sans blessures aussi sanguinolentes. Je n'aurais les compressifs définitifs que six mois plus tard, la période de Coubert étant connue pour être celle de reprise du muscle et du gras. Régulièrement, la couturière revenait donc me mesurer à nouveau pour confectionner des compressifs à ma taille. Dessous, j'étais enrobé de pansements, toujours mouillés à cause de l'épaisseur des couches de crème grasse. J'étais déjà bien serré dans mes bandages étroits et ces gaines me donnaient l'impression de macérer dans un étau. Comme j'ajoutais les séances de kiné qui m'échauffaient par-dessus, je me sentais mal jusqu'à la prochaine douche, qui n'était pas pour autant une partie de plaisir. Se sentir sale, collant, être un maniaque de la propreté et ne pas pouvoir aller se laver seul, c'est un cauchemar, l'impression d'une humiliation permanente.

En un mois, j'ai pourtant fait des progrès spectaculaires grâce à ma kiné, Clémence, qui me remontait le moral quand je pleurais, à son collègue Ludo, et à mon ergothérapeute, Hélène, dont on ne dira jamais assez de bien ! Même si Sandrine me manquait, ils étaient vraiment très pros, très patients, très motivants. Et très bons en musique et cinéma, à s'en faire ensemble des discussions sans fin qui me distrayaient pendant l'effort ! Avec mon déambulateur, je pouvais désormais aller de mon fauteuil aux toilettes pour uriner tout seul. Debout et tout seul. Je commençais à m'alimenter seul, capable d'ouvrir un paquet de gâteaux et d'en porter un à ma bouche, ou de manger avec une fourchette au réfectoire, mais enfin ce qui m'intéressait surtout, c'était les gâteaux. Après l'envie de beurre, l'envie de sucre et beurre ! Je n'avais aucune raison de me priver vu tout le poids que j'avais à reprendre. Ma grande revanche sur ma dépendance, je la prenais le soir, quand bouclé dans ma chambre, je faisais ma vie et, entre autres, je grignotais. Je m'endormais souvent d'un coup à vingt et une heures, après le coup de fil de Clém, et à vingt-trois, je me réveillais requinqué. Je regardais un film, j'allais sur Internet, et je n'éteignais pas la lumière avant deux ou trois heures du matin, une façon de reprendre la main sur mon corps et un emploi du temps qui quadrillait ma journée sur un mode militaire. Je savourais mon indépendance et ma tranquillité, quitte à être fatigué au réveil à huit heures du matin. Mais ma liberté, c'était la seule chose que je pouvais prétendre récupérer. Mon corps, on ne peut pas savoir comme je l'ai pleuré. C'était l'heure du bilan.

Au fil des semaines et de l'ablation des pansements, d'abord tous les bras, puis tout le torse, je ne pouvais plus fuir mon image dans la glace du lavabo, et je voyais bien mes jambes lors des pansements. Vers le mois d'avril, je me regardais, et je pleurais tout le temps. Je ne m'attendais pas à ce corps, parce que mon visage, ça allait. Je découvrais ce que voulait dire « brûlé à 95 % ». J'avais subi de nombreuses greffes, et l'origine différente de la peau expliquait les différences de son aspect, autant que les coutures. Mes jambes avaient été couvertes les premières, je crois, par des petits carrés de peau prélevés très vite dans la foulée de l'accident sur mon propre pubis et sur mon propre crâne, les autogreffes. Ces zones ne permettaient pas de grands prélèvements. De la peau de cadavre, de toute façon provisoire, je ne crois pas en avoir eu, je ne l'ai en tout cas jamais su. Peut-être que mes jambes ont aussi été complétées par la peau de mon frère, qui avait été utilisée un peu partout ailleurs. Par endroits, comme sur le torse, ma peau a repoussé en écailles de serpent dans les interstices de la sienne étirée en bas résille. Ailleurs, la sienne a été découpée, et on voit comme la marque de petits patchs agrafés sur moi. Ailleurs encore, il en a été prélevé de grands lambeaux agrafés entiers, sans doute, puisque l'on distingue moins de coutures de démarcation et d'inégalités, comme sur mon dos. Je cherchais au début où était la peau de mon frère, où était la mienne.

Un jour, j'ai demandé au professeur Mimoun : « Mais où est la peau de mon frère ? » Le professeur m'a répondu en haussant les sourcils d'étonnement : « Mais partout ! Il y en a partout ! » Plus de 70 % de ma peau est celle d'Eric, fruit de son don de 45 % optimisé par la technique du bas résille. Mais c'était une fausse question, puisque, en vérité, nous avions déjà la même.

Clémentine m'avait assuré à Saint-Louis que mon dos était « beau » sur les photos prises par l'équipe soignante lors du changement de pansements. La fin de l'alitement permanent avait encore bien « boosté » la cicatrisation. J'ai donc demandé à une infirmière de le prendre en photo… Je n'ai vu aucune raison de m'extasier sur le moment, même s'il deviendrait effectivement ce que j'ai de plus beau. Ce qui me choquait particulièrement, c'est que je n'avais plus de seins, plus de tétons, un torse plat. Quand on a pris soin de ses pectoraux en faisant du sport, c'est encore plus difficile à admettre. Selon les endroits, l'épaisseur de la peau était plus ou moins fine, durcissant parfois comme du cuir car le processus de repousse n'est pas maîtrisable et très inégal. J'avais plus ou moins de sensibilité en fonction de cela, souvent aucune.

Je ne parle pas de la couleur de ma peau, qui allait du rose au violacé, en passant par le rouge vif selon les boursouflures et la cicatrisation. Et puis il y avait les détails, le trou de cheveux à l'arrière de la tête, l'oreille, les mains entièrement lisses. Je faisais l'inventaire, et quand je me regardais, je me disais qu'il n'y avait plus grand-chose d'origine. Plus grand-chose non plus qui ressemble aux gens normaux. Oui, j'étais un monstre. C'était mon avis et je n'autorisais personne à en avoir un autre !

ERIC

Il y a eu de sales périodes. Des moments où Franck était focalisé sur son aspect, qui n'était pas définitif en plus, et ne pourrait que s'arranger. Moi, j'étais focalisé sur le fait qu'il était vivant, et sûrement, j'ai été égoïste et maladroit. Je me souviens du jour où Franck s'est plaint d'un gros dénivelé qu'il avait entre la cuisse et la fesse, qui lui faisait comme une bosse. Nous étions assis tous les deux à la cafétéria et il était catastrophé. Je lui jurais que ce n'était rien, que ça ne se voyait pas, et comme je restais aveugle à ses démonstrations à travers son jogging, il m'a dit : « Bah, viens, si tu ne vois pas ! Viens, je vais te montrer dans les toilettes ! » Il m'a traîné dans les toilettes, a baissé son jogging et m'a lancé : « Regarde ! Regarde ! On peut pas vivre, comme ça, on peut pas ! » Et il pleurait. Je lui disais que ce n'était rien, que la bosse se résorberait peut-être, que sinon le professeur Mimoun l'opérerait puisqu'il est aussi le roi de la chirurgie reconstructrice. J'essayais de le recentrer sur le meilleur : « Regarde ton visage, c'est le plus important. Il n'a presque rien. On ne voit même pas que tu as été brûlé quand tu portes ta belle casquette qui couvre le petit coin de cheveux qui n'a pas repoussé. Regarde autour de toi, Franck ! Rien qu'ici, à Coubert ! »

FRANCK

Les autres ! On m'en a rebattu les oreilles, des autres ! Comme si on en avait quelque chose à faire des « autres », quand on habite son corps, soi tout seul dedans ! Ma référence, ce n'était pas les autres patients, c'était moi. Moi avant ! Moi dans le regard des autres aussi, mais les non brûlés, les gens normaux du monde extérieur que j'allais retrouver et qui me faisaient terriblement peur. Si on croit que le malheur des autres rassure, on se trompe. Le spectacle des autres m'enfonçait un peu plus profondément dans la déprime, c'est fou comme la vie pouvait se montrer dégueulasse ! Cette idée est très loin de remonter le moral.

À Coubert, j'étais le mec le plus brûlé. Avec 95 %, je n'avais pas de concurrence en France, et même dans le monde, parce que autant brûlé et vivant après l'accident, c'est rare, et autant brûlé avec un frère jumeau, cela n'existe pas. J'étais une première médicale, mais aussi une dernière. Peut-être que cela ne se reproduira jamais, je le souhaite.

Je n'avais jamais vu de brûlés, sinon vite fait dans la rue, jamais vécu au milieu de brûlés, et surtout pas au CTB où les quinze patients ne se croisaient pas. Nos familles, oui, mais nous non. À Coubert autour de moi, certains étaient défigurés, alors que mon visage avait été relativement récupéré, mais leur corps quasiment intact. Il y avait des personnes avec un bras brûlé, les jambes, le torse, mais jamais tout le corps. Pourtant, certains, en fauteuil comme moi, savaient déjà qu'ils y resteraient à vie parce qu'ils étaient paralysés, ou parce que leurs articulations et leurs tendons étaient morts à cause du manque de couverture rapide de la peau, ou des flammes sur le moment. Certains avaient brûlé par choc électrique, d'autres dans un accident de voiture, le plus fréquent. Et ce qui était terrible, c'est qu'il est inévitable de se demander entre patients : « Tu as quoi ? » et « Qu'est-ce qui t'est arrivé ? » On est tous là pour cela, on ne va pas parler de la pluie et du beau temps. J'ai été vacciné contre le contact rapproché après quelques conversations qui m'ont terrassé de douleur par empathie, notamment avec un jeune homme. Il était normal, sympa, et il m'a dit avoir eu un accident de moto, à cause d'un conducteur âgé qui avait fait un refus de priorité. Il était en fauteuil roulant. J'avais déjà beaucoup de peine pour lui quand il a ajouté, avec beaucoup de dignité : « Mais ce n'est pas ça, le pire. Ma fille était à l'arrière. Et elle est morte. » Je ne suis pas remonté dans ma chambre heureux en me disant que j'avais eu de la chance, on se doute ! Je suis resté démonté face à ma télé.

Il y a un homme, un seul, avec qui j'ai tissé un lien amical, qui m'a soutenu le moral, porté, un genre de héros du courage et de la bonne façon de prendre la vie. C'était le fameux policier de Vitry-sur-Seine brûlé par des abrutis quand il était en faction dans sa voiture. Celui que les hommes politiques étaient venus voir à Saint-Louis. Il avait vingt-huit ans, et sa copine avait dit à Clém quand il partait de Saint-Louis en décembre, après deux mois d'hospitalisation : « Il m'a dit de faire passer le message à Franck : à bientôt à Coubert ! » À l'époque, le rendez-vous ne m'avait pas bouleversé parce que je ne visualisais pas encore mon avenir, je souffrais trop. Mais en le retrouvant là, il est tout de suite venu vers moi. Son visage avait été très touché, le reste moins, et il avait un moral à remonter un vrai dépressif. Tous les jours, on faisait de la rééducation ensemble, on aimait bien se parler. On ne s'est jamais oubliés. Sa copine nous a même invités presque un an plus tard, Clém et moi, à l'anniversaire surprise de ses trente ans, en février dernier. Il a quitté Coubert bien avant moi, évidemment. Partout, j'étais le mec dont on met le plus de temps à faire les pansements – des heures. Un boulet, je le percevais nettement dans les yeux de certains. Partout, je restais le doyen.

Kévin, je veux dire le docteur Serror du CTB, venait contrôler tous ses anciens patients le jeudi de chaque semaine. Il regardait les photos prises pendant les toilettes, la séance de clichés étant encore un moment pas très agréable pour moi, qui me donnait l'impression d'être un objet, même si c'était nécessaire. Kévin était tellement content de moi qu'il m'a demandé l'autorisation de me filmer pour montrer mes progrès à toute l'équipe soignante de Saint-Louis. Debout sur mes deux jambes, j'ai fait le fier en bougeant les bras. Je voulais leur montrer qu'en dehors de mes états d'âme, j'étais vraiment reconnaissant du travail qu'ils avaient accompli.

La semaine suivante, quand il est revenu, il m'a dit que toute l'équipe avait pleuré devant ma prestation, et me félicitait en me disant de continuer.

Le professeur Mimoun de son côté m'appelait toutes les semaines ou toutes les deux semaines maximum, comme il appelait mon frère. Il ne manquait jamais de me glisser : « Tu peux m'appeler quand tu veux sur mon portable, si tu as quelque chose à demander, ou une question, peu importe. Je te répondrai vingt-quatre heures sur vingt-quatre, même le week-end. » Mais je n'osais pas l'appeler de mon côté. Le professeur Mimoun, c'était quand même… le professeur Mimoun ! Je lui cachais ma détresse aussi bien que possible. Je voulais qu'il se rende compte qu'il m'avait sauvé la vie et que j'en étais content, parce que au fond, je commençais à en être parfois content… Par exemple, quand je fichais le camp de Coubert !

Le 29 avril, j'ai eu ma première permission. Après deux mois bouclé, c'était une véritable étape de rentrer chez moi pour le week-end, et en même temps, elle était mêlée de peur. J'allais affronter le regard des autres et le monde extérieur, le vrai.

ERIC

Savoir Franck en permission à quinze kilomètres de chez nous et ne pas aller le voir, Fanny et moi, cela nous faisait bouillir sur place. Mais c'était une décision réfléchie. On ne voulait pas gâcher ses retrouvailles avec Clém, un peu comme on n'arrive pas pour embrasser deux conjoints en pleine lune de miel. Et d'autant plus qu'on les adore. Franck et moi avions toujours été soudés, et l'épreuve avait fait que nous ne nous étions pas quittés, mais c'était important que chacun reprenne sa vie d'adulte, en couple ! Nous nous sommes contentés des photos. Voir Franck et Clém dans leur décor « naturel » suffisait à notre bonheur. Et c'était bien sûr bouleversant.

FRANCK

Pour que je rentre chez moi, il avait fallu attendre que je tienne bien debout et que je n'aie plus trop de plaies. Tous les quinze jours, j'aurais désormais le droit de revenir à Berteaucourt-lès-Thennes avec Clémentine. La douche et les pansements toutes les quarante-huit heures tombaient le vendredi et le dimanche une semaine sur deux – celle où j'étais fichu puisque je devais être à Coubert –, le samedi et le lundi la semaine suivante

– c'était bon ! La douche était encore trop délicate et les pansements trop spécialisés pour être confiés à une infirmière libérale ordinaire. Le samedi 29 avril à midi, nous sommes donc partis pour la maison pour la première fois, une sorte d'aventure, à la fois sur le plan médical à cause de toute la logistique que je demandais, et sur le plan émotionnel.

Sur la route, j'étais ivre de liberté et angoissé à la fois. Je regardais partout. J'ai eu envie de m'arrêter à Amiens dans une pizzeria, mon premier lieu public depuis l'accident. J'avais très peur du regard des autres, les angoisses tournaient dans ma tête, je scrutais les gens pour voir s'ils me regardaient… Et rien ! Pourtant, j'avais encore des bandages et les compressifs, mais c'est comme si j'avais été transparent. Je me suis un peu tranquillisé et j'ai mangé de bon cœur. Jusque-là, Clémentine apportait son plat de la maison le vendredi soir et venait le manger avec moi dans la chambre, voilà qui changeait ! Et le grand moment de revoir la maison est arrivé.

Je n'étais pas rentré chez moi depuis le matin du 26 septembre avant l'accident. Mais ce n'est pas tellement les murs qui m'ont bouleversé. C'est le chat ! Quand Grisette est arrivée, c'est simple, j'ai lâché le sac que j'avais au poignet, et j'ai explosé en sanglots. Un presque hurlement, m'a dit Clémentine. Mais la plus inquiète n'était pas Clém, c'était le chat ! Grisette a détalé, morte de peur, se demandant sans doute si je n'étais pas devenu fou. Quand elle s'est approchée à nouveau, je l'ai caressée, caressée, en pleurant toujours autant, au point que je la voyais à peine à travers mon rideau de larmes. Je me suis calmé. Deux secondes après, c'était Chantal, la voisine d'en face, qui frappait à la porte et me faisait à nouveau pleurer en tombant dans ses bras. Elle, son mari Daniel et leur fils Jérôme, six ans plus jeune que moi, veillaient depuis dix ans sur les plantes, le courrier, récupérant les colis, nourrissant le chat, gérant la maison dont ils avaient les clés si je n'étais pas là. Ils avaient rendu beaucoup de services à Clémentine, notamment quand elle venait à Coubert tout le week-end les deux premiers mois. Ils m'avaient souvent invité tout jeune pour le repas de Noël. Voir des gens que je n'avais pas vus depuis des mois, familiers de ma vie de toujours, c'était un choc. C'est à des signes comme ceux-là qu'on sent qu'on est vivant.

Clémentine avait transformé le bureau du rez-de-chaussée en chambre, une bonne idée pour en faire un jour une chambre d'enfant ! Il n'était pas question que je monte au premier étage évidemment. C'était la première fois que l'on dormait ensemble depuis l'accident. Mais je ne peux pas dire que j'ai apprécié ce moment. Ne plus avoir de lit médicalisé, avec les jambes qui se surélèvent à volonté, c'était déjà étrange. Je ne pouvais pas bouger du tout. Je devais avoir un urinoir parce que je n'étais pas capable de me lever et d'aller aux toilettes.

J'avais ma poche de stomie, ses odeurs, la peur des fuites. Clémentine craignait de me donner un coup involontaire et de me faire mal. Elle se réveillait toutes les heures, me demandant : « Ça va ? » Elle avait raison tant j'étais encore fragile, mais justement, je m'en voulais d'être un poids. Je la plaignais, et je me retenais pour ne pas lui demander ce qu'elle faisait avec moi, pourquoi tant de sacrifices, parce que je sais combien ce genre de phrase pouvait être désagréable pour elle. Elle a dû me rassurer à un point dont on n'a pas idée, et je me demande si cela s'est vraiment arrêté… L'avantage de mes bandages et de mes compressifs, c'est que je lui épargnais la vue de mon corps. Un peu de temps de gagné.

Avec un départ à midi le samedi, un retour à vingt heures le dimanche, et deux heures trente de route entre les deux, les week-ends me sembleraient toujours trop courts. Le samedi après-midi et le dimanche, nous les passions en boule sur le canapé avec le chat, à parler et regarder des films. Deux heures avant la fin, j'avais les yeux rivés sur la pendule et la boule au ventre. Chaque fois que Clém me laissait le dimanche soir, j'avais l'impression qu'elle m'abandonnait comme un chien dans un refuge où il ne serait pas heureux.

Quinze jours plus tard, mon week-end de permission était complètement gâché par un problème de stomie. Il me semblait que les odeurs s'accentuaient, que la poche fuyait davantage qu'avant, et surtout j'avais mal.

Quelque chose clochait. J'avais demandé aux infirmières de regarder pendant la douche, mais elles m'assuraient que tout était normal. Une intervention était prévue fin mai à Saint-Louis pour la remise de la continuité, c'est-à-dire la fin de cette sale poche. Mais le 16 mai, je faisais la toilette avec une super-infirmière, et l'aspect n'était plus discutable : il y avait comme un boyau noir à la surface de mon corps, juste à l'endroit de la stomie ! Elle, elle s'est inquiétée. J'ai été transporté en urgence à Saint-Louis. Et là, j'ai encore failli y passer.

ERIC

C'est Franck qui m'a appelé lui-même, en pleurant parce qu'il repartait à la case départ. Savoir Franck hospitalisé dans le service de chirurgie digestive à Saint-Louis alors qu'il avait échappé à la mort au CTB, c'était juste ahurissant. Alors que Franck se plaignait depuis plusieurs jours, personne n'avait vu à la toilette qu'un morceau de son intestin s'était tout simplement échappé de son ventre, nécrosant à l'extérieur jusqu'à devenir noir. Franck a dû être opéré en urgence, de nuit. L'opération en soi délicate s'annonçait plus compliquée encore sur un patient très fragile à la peau sans élasticité aucune. La surface du corps de Franck était un patchwork de peaux, se régénérant ici très mal, donnant un tissu très fin et fragile, et là trop bien, c'est-à-dire trop épais et trop dur. Sa peau était surtout trop étroite pour lui, comme un corset. Quand la chirurgienne a voulu refermer, elle a bien cru qu'elle n'y parviendrait jamais parce qu'il lui manquait de la peau ! Et qu'il n'était pas question de tirer dessus ! Virtuose, elle s'en est finalement très bien sortie, rétablissant par la même occasion la continuité digestive. Mais on peut dire que nous avions eu peur. Et nous n'étions pas les seuls…

Le professeur Mimoun a craint pour sa vie. Il n'était pas content du tout de revoir Franck, malgré l'affection qu'il lui portait, ni moi et notre petite équipe pour laquelle il avait pourtant, paraît-il, beaucoup de sympathie. L'avoir sauvé avec un exploit et le perdre pour une inattention, cela aurait été un comble. Le seul avantage, si l'on peut dire, c'est que tout le personnel du CTB a pu se précipiter à son chevet pour le voir, une vraie délégation : Marie-Doudou, Salomé, Fatma, Justine et Marie, aides-soignantes, Aurélie, Aude et Delphine, infirmières, Raph, Yohann et Pablo, infirmiers, le professeur Legrand, professeur anesthésiste qui trouvait toujours pour Franck comme pour moi les mots apaisants, et bien sûr, Sandrine, sa kiné et bienfaitrice, avec qui il n'avait jamais perdu le contact. Quant à moi, j'ai repris mes habitudes des allers-retours Longueau-Paris pour aller voir mon frère à Saint-Louis. Franchement, c'était moins loin, mais j'étais écœuré d'entendre mon frère au téléphone articuler avec difficulté : « Je te jure, Eric, je souffre comme je n'ai jamais souffert. » Lui ? Dire ça ?! Forcément, il n'avait plus les bolus. C'était à croire qu'on n'en finirait jamais.

FRANCK

À Saint-Louis, j'ai souffert, une fois de plus. À l'intérieur, les entrailles me tiraient, comme à l'extérieur la peau me tirait ! J'étais pris en tenailles ! J'avais mal, et d'autant plus que j'ai mis dix jours avant de retourner aux toilettes, le temps que mon corps se remette en marche. Je n'osais pas manger parce que j'avais la sensation qu'une bouchée de plus me ferait exploser. Je ne pouvais pas me lever. En dix jours, j'ai perdu tout ce que j'avais chèrement acquis, la marche, la cicatrisation du dos, qui s'est remis à saigner, avec des vrais cratères, parce que j'étais alité.

Le professeur Mimoun venait me voir tous les jours, quittant son CTB pour le service de chirurgie digestive où il était attendu comme le loup blanc parce que tout le monde comprenait sa préoccupation. Ils ont organisé le quotidien autour de mon cas un peu particulier, avec Sandrine et Christine, l'autre kiné. Elles venaient à tour de rôle me faire remarcher, rebouger les doigts, travailler les postures. La même pratique qu'à Coubert où je n'avais aucune hâte de retourner. Je me sentais presque bien parce que j'avais retrouvé ma famille soignante. Je me sentais entouré de gens qui m'aimaient.

Je me souvenais de mes larmes au centre quand je devais attendre que quelqu'un vienne parce que j'avais un besoin, l'humiliation quand une infirmière avec qui je ne m'entendais pas était de service à la douche. Elle ne voulait pas que je m'y mette debout sans le lit-baignoire pour bébé alors que j'en étais désormais capable : se baisser pour me laver les jambes et les pieds lui faisait mal au dos ! Je lui ai dit un jour : « Je peux presque me laver tout seul et je tiens debout. Me laisser laver dans le lit, c'est dégradant, c'est de la régression à mes yeux ! » Elle n'était pas contente et n'a rien écouté. Le lendemain, j'étais grippé, à bout de forces. Installé sur le lit, j'ai enlevé mon caleçon, je l'ai laissé par terre, et j'ai attendu de me laisser faire, comme la veille. Elle m'a alors lancé sans l'ombre d'une gentillesse : « Vous ne ramassez pas votre caleçon ? » Je lui ai répondu tout fiévreux : « Non, là je n'ai pas la force, je suis mort… » Elle m'a répondu : « Et c'est vous qui me parliez de régression, hier ? » Je ne voulais plus vivre ça.

Le professeur Mimoun m'a demandé au bout de quinze jours si je me sentais prêt à repartir à Coubert. Je lui ai dit non. Et la semaine suivante, je lui ai encore dit non. J'ai fini par lui confier comme j'étais malheureux ailleurs qu'à Saint-Louis. Il n'a pas cherché midi à quatorze heures, et il m'a dit : « Franck, c'est très simple, tu resteras ici le temps qu'il faudra. Jusqu'à ce que tu te sentes d'attaque. Tu ne repartiras pas avant. » Je lui étais tellement reconnaissant… Il était vraiment comme un père qui veut protéger son fils.

ERIC

Mon frère est un combattant. Il aurait pu choisir la solution de facilité et rester encore à Saint-Louis, mais il savait qu'il fallait « avancer ». Il m'a appelé un jour : « J'ai décidé d'aller au bout. Je vais retourner à Coubert. » Il y est reparti le 15 juin. Et je savais combien ça lui coûtait…

FRANCK

Heureusement que je ne savais pas ce qui m'attendait… J'ai connu en rentrant de mon mois à Saint-Louis la pire phase de dépression de toute ma vie. Non seulement j'avais quitté le cocon, mais en plus, les ordonnances normalement transmises de l'hôpital au centre n'avaient pas suivi. Toutes mes prescriptions d'antidépresseurs, anxiolytiques, et morphiniques s'en sont trouvées modifiées pour un temps indéterminé. Je souffrais, physiquement comme moralement. Des douleurs, des angoisses, des peurs… J'étais en train de me plaindre en plaidant ma cause auprès d'un membre du personnel de plus quand Clémentine est arrivée pour me voir. L'infirmière m'a alors lancé : « Vous n'avez plus besoin de médicaments, regardez, votre compagne est là ! » Comme si Clémentine était de la morphine ! Pendant une semaine, j'ai pleuré du matin au soir. Jusqu'à ce que les ordonnances arrivent et que je puisse enfin reprendre mes médicaments, et retrouver un peu de forces et de courage.

La remise de la continuité digestive a changé ma vie. J'aurais désormais le droit de rentrer tous les week-ends. Je ne redoutais plus les fuites et les odeurs. Je pouvais mener une vie sociale normale. Sur le chemin du retour, Clém et moi avons pris l'habitude de faire une halte au restaurant. C'est un jour, dans une pizzeria, qu'il nous est arrivé une drôle d'aventure, avec une dame d'une soixantaine d'années qui déjeunait là avec son mari. Je portais mes compressifs noirs, même aux mains, quand elle s'est approchée de nous : « Monsieur, je me permets de venir vous le dire, vous avez vraiment du courage ! Permettez-moi de vous offrir le repas, et de vous laisser ce carnet de tickets-restaurant, ça me fait plaisir. Bon appétit. » Avec Clémentine, on est restés estomaqués. On s'est dit que cette femme devait travailler dans le milieu médical, ou connaître de près la brûlure parce qu'on n'identifie pas naturellement des compressifs, qui ressemblent plutôt à un habit de Spiderman. En noir. On n'a jamais rien su d'elle. Simplement, on y a souvent repensé en se disant que dans ce monde, il y a quand même des gens formidables.

Maintenant, Grisette était contente de me voir et je ne lui pleurais plus dessus. Je faisais de plus en plus de choses tout seul, comme me laver, même si Clémentine m'aidait pour les endroits compliqués comme le dos et les pieds. Une infirmière libérale de la région venait me faire mes pansements, surtout aux jambes et dans le dos, encore abîmés. C'est un week-end vers cette époque-là que j'ai retrouvé mon paquet de cigarettes. Je n'ai jamais fumé plus de quatre-cinq cigarettes, mais je l'ai ramassé, et j'ai allumé ma première cigarette au Buffalo Grill avec Clém. Je ne crois pas que ce soit très grave. On ne peut pas se sevrer de tout en même temps !

Je commençais à réaliser ce qui m'était arrivé. Clémentine a mis six mois à me montrer la photo de moi bandé comme une momie, les yeux scotchés étant la seule partie de mon corps qui dépasse le lendemain de l'accident. J'ai reçu un choc et pleuré. Je l'ai enregistrée dans mon portable. Aujourd'hui encore, je la regarde parfois et j'en ressens toute la violence. Je me dis que c'est dingue, tout ce que j'ai encaissé et à quoi j'ai survécu. Il fallait moins souffrir, et être sûr de retrouver une vie un jour, pour commencer à rembobiner le film.

ERIC

J'ai vu Franck changer après la remise de la continuité, retrouver de l'énergie, et notamment remanger ! Comme quatre. Au point qu'il me faisait peur. Nous avions toujours mangé sainement, comme des sportifs, non sans faire des écarts, mais Franck s'est mis à manger n'importe quoi. Il faut dire que la viande bouillie du réfectoire ne lui plaisait pas particulièrement. Notre père, qui a été restaurateur de collectivité, avait même jugé que c'était particulièrement peu reconstituant pour des convalescents. Franck complétait son alimentation à coups de paquets de gâteaux achetés au distributeur où il se rendait désormais tout seul avec son déambulateur ou son fauteuil de compétition, dont on voudrait le priver un jour mais qu'il réussirait à garder jusqu'au bout, quitte à le planquer dans sa chambre. Quand je le voyais capable d'aligner un paquet de bonbons et un paquet de Granola le soir après son repas, je devenais fou : « Mais arrête, Franck ! C'est des mauvaises graisses ! » Il s'en fichait complètement. Manger ce qu'il voulait, c'était sa liberté et sa consolation. Il a repris plus de vingt kilos à Coubert, et c'était urgent. Mais je préférais recevoir ses photos de restaurant, devant une entrecôte avec Clém, des images de mon frère dans la vie. Je le voyais aussi « kiffer » dans son lit de se sentir libre de s'endormir tard, prendre des habitudes, et surtout parler. C'est quand on parlait que je le retrouvais.

Comme avant, on s'est mis à discuter, à la cafétéria en buvant un coup. Il recommençait à rire. Tout n'était pas parfait, parce qu'il mettrait du temps à s'habituer à son corps. J'ai bien remarqué, avant qu'il ne m'en parle, que la paupière de son œil droit se déformait. Sa peau se bridait juste en dessous, là où il avait longtemps eu son gros bobo. Il en a fait une fixette à un moment. Mais même quand il craquait, j'aimais ces moments-là parce que je retrouvais un partage de l'intimité que nous avions toujours eue. C'est à cette période qu'il m'a reparlé de l'accident. Moi, j'avais besoin de savoir, de dissiper des flous.

Franck m'a raconté tout ce dont il se souvenait. Mais au fil de son récit, je le voyais se sentir de plus en plus mal. Revivre l'événement. Alors je lui ai dit : « Stop Franck, on arrête. » Mais il a voulu aller au bout. Et… je n'ai rien appris. Sinon, une fois de plus, à quel point il avait souffert.

Parfois, Franck me disait à nouveau merci pour mon don. Mais ce n'était pas un sujet qui revenait systématiquement dans la conversation. Ce qu'on préférait, c'était déconner, comme avant.

Lors de la visite de contrôle de la remise de la continuité à Saint-Louis fin juin, Franck a revu le professeur Mimoun, qui lui a répété : « Ça va ? Parce que si ça ne va pas, tu sais que tu peux toujours revenir. On s'arrangera avec les vacances de Sandrine, on peut aménager le planning… » Franck l'a remercié et a décliné. Il était prêt à « faire son temps » à Coubert, comme on dirait purger sa peine. Je crois qu'il voyait les choses comme ça. Coubert, c'était un peu sa prison. Les vacances d'été se profilaient, et Clém, professeur des écoles, bénéficiait des vacances scolaires. Elle pourrait être près de lui, en dehors d'une courte escapade familiale en camping dans les Landes, et rien ne pouvait donner plus de forces à Franck.

De notre côté avec Fanny, le 1er juillet, nous avons décidé de partir en vacances à Annecy avec Jules. Il avait bien mérité cette petite échappée belle après un hiver difficile. Nous avons décidé de nous arrêter en route pour voir Franck. C'est un jour que je n'oublierai jamais. Mon frère n'avait pas vu mon fils depuis presque un an !

Ne pas emmener Jules plus tôt était un choix. À Saint-Louis, il n'en était pas question, pour mille raisons. Il était trop petit, donc interdit de séjour, même si je pense qu'en chambre 34, nous aurions pu obtenir une petite entorse au règlement. Mais l'ambiance générale du CTB, cet univers blanc, propre et silencieux, avait quelque chose de solennel qui pouvait l'impressionner, comme l'inévitable aperçu à travers les vitres des autres malades, alités, très pansés et bardés de tuyaux, juste en empruntant le couloir. Et puis durant longtemps, Franck faisait partie de ces malades à l'apparence trop choquante pour un enfant. Lui-même aurait été trop faible pour supporter les assauts d'un petit. Comme à Coubert aussi, il y avait des gens très abîmés, nous nous sommes donné rendez-vous avec Clém et Franck sur le parking de l'hôtel Campanile. On avait dit à Jules comme nous étions heureux de ce grand jour, tout en le mettant en garde : « Surtout, tu ne sautes pas sur Tonton ! Tu n'oublies pas qu'il a eu de gros bobos ! » On s'est tous embrassés, vraiment émus. C'était la première fois que nous étions tous réunis dans la vie normale, hors milieu hospitalier. Après, on est allés goûter au McDo. C'est là qu'à notre grande surprise, nous avons vu Franck foncer directement dans l'aire de jeux pour s'amuser avec Jules ! Jules a semblé trouver cela très naturel, nous, moins ! Même si Franck n'en était pas encore à faire des acrobaties, nous n'imaginions pas ce regain de forme. Ce jour-là, nous nous sommes goinfrés de glaces et de gaufres. Franck et Jules faisaient plaisir à voir. Ils étaient fous de joie. Tous les deux.

Le lendemain, Fanny, Jules et moi sommes partis vers Annecy. Je n'ai jamais revu Franck à Coubert.

FRANCK

Les mois d'été à Coubert étaient particulièrement éprouvants à cause de la chaleur. Dans les chambres, il n'y avait pas la clim et j'étouffais d'autant plus que la peau greffée ne permet pas une bonne régulation de la température. En clair, je ne transpire plus pour m'aérer. Je me débrouillais entre brumisateurs et boissons fraîches, notamment grâce au mini-frigo offert par Ludivine, la sœur de François. Au mois de juillet, j'ai découvert l'existence de la « fenêtre thérapeutique », qui autorise un patient à sortir pendant un temps donné, et miracle, j'y ai eu droit une semaine ! Je n'y croyais pas. Avec Clém, on s'est retrouvés à Berteaucourt-lès-Thennes tous les deux, le rêve total, à se parler, manger ses petits gratins, et pianoter sur Internet depuis le canapé, le plus souvent pour regarder les vêtements. Surtout les baskets ! Je crois que c'est lors de ce séjour qu'il s'est produit un déclic dans ma tête, l'envie de redevenir coquet, de me soucier de mon apparence. Nous étions allés dîner chez mes voisins que j'aime tant, et je m'étais rendu compte que j'étais habillé comme un clochard et qu'il fallait que je me reprenne. Sans doute aussi que, dans ma tête, je savais que la sortie de Coubert était proche et que je finirais l'été chez moi, avec mon armoire de vêtements et mes petits colis dans la boîte aux lettres.

C'est lors de ma dernière semaine à Coubert, en

juillet, que j'ai été sélectionné pour être figurant dans le film « Sauver ou périr », avec Pierre Niney dans le rôle d'un pompier brûlé. Le directeur de casting était assis à une table de la cafétéria, et Clémentine qui déjeunait avec moi m'a dit : « Vas-y ! Va voir ! C'est une expérience. » J'ai montré mes avant-bras et j'ai annoncé : « Voilà, je suis comme ça partout. » Il m'a répondu : « Très bien, on vous prend. » J'ai eu la chance de parler avec plein d'acteurs, dont Pierre Niney, d'une gentillesse étonnante et dont le personnage s'appelait en plus Franck ! J'ai été payé pour mon rôle pas très compliqué, comme porter un broc d'eau, ce qui me permettrait de m'offrir une paire de baskets de plus ! Je redevenais curieux, capable de m'amuser. Quant à l'achat de baskets, je crois que les premiers mois de ma remise sur pied, j'ai été capable d'aller jusqu'à m'en acheter trois ou quatre paires dans le mois. Marcher, ça se fête. Et courir un jour à nouveau était mon objectif !

CINQUIÈME PARTIE

Entre la maison et le Centre de rééducation des 3 Vallées de Corbie

3 août 2017 – avril 2018

FRANCK

Quitter Coubert et regagner la maison, même si j'allais passer mes journées au Centre de rééducation des 3 Vallées de Corbie, c'était encore une nouvelle aventure. Mais je n'allais certainement pas regarder en arrière avec nostalgie. Je ne m'étais pas plu à Coubert, mais il faut tout de même rendre hommage à ceux qui m'ont soigné : je suis arrivé alité ou presque, et je suis reparti debout sur mes deux jambes !

Le moral, le vrai, il est revenu quand j'ai à nouveau dormi dans mon lit et vécu avec Clém. Je me suis remis à écouter la musique qui avait toujours habité ma vie et que j'avais laissée de côté durant presque un an. Être chez moi, c'était magnifique. Presque trop beau pour être vrai. Jusqu'à en faire des bouffées d'angoisse : il va encore m'arriver un truc et on va me remmener dans un hôpital ! La peur, après un traumatisme pareil, ne vous quitte pas pendant longtemps.

Juste avant le retour à la maison, j'ai tout de même

dû passer quinze jours à plein temps à Corbie, une sorte d'étape avant la liberté. Il me restait quelques pansements à faire aux jambes, qui perdureraient jusqu'en octobre, avec aux commandes le roi de la cicatrisation, Serge. Il est infirmier chef de l'hospitalisation de jour, et avec son assistante Katia, on peut dire qu'ils ont fait des miracles. Je pense que le moral y était pour beaucoup. Aux 3 Vallées, le docteur Page, qui me suit, m'entoure de bienveillance et m'accorde des fenêtres thérapeutiques si elle me sent trop fatigué, et la directrice du centre, madame Gosset, est géniale et à l'écoute. C'est important pour tenir le coup car la route est longue…

La rééducation, c'est comme la vie active. Clémentine part de bonne heure travailler pour la journée, moi aussi ! Chaque matin depuis le 3 août 2017, un véhicule sanitaire vient me chercher à huit heures quinze pour aller à Corbie, à une dizaine de kilomètres, où je « travaille » jusqu'à seize heures trente. Ce sont de grosses journées, fatigantes, qui commencent par deux heures de kiné avec Christophe. J'y fais des exercices d'amplitude, des mouvements talons-fesses, je monte et je descends des escaliers, et depuis quelques mois, je suis passé à la salle de musculation, avec des séries de demi-pompes que je réussis à faire en séries de dix. Pour les abdos, on va encore attendre un peu mais le renforcement musculaire est en bonne route. Je peux aujourd'hui rattraper un ballon, même si c'est avec les deux mains, faire des pas latéraux, et je marche normalement. Le 15 janvier 2018, j'ai franchi un grand pas, si l'on peut dire : j'ai couru ! Dix minutes. Une ivresse ! J'avais adoré courir. Mon rêve, c'est de refaire des vrais footings ! Avec Eric ! Je me suis souvenu de ce que m'avait promis le professeur Mimoun quand j'étais sur mon lit d'hôpital : « Un jour, tu pourras remarcher, et même recourir. » Je voulais y croire. Mais comme cela me semblait loin à l'époque ! Sur mon parcours, on m'a ajouté des petits obstacles, et je saute. Après deux heures épuisantes, je passe à l'ergothérapie, une heure avec Eva. Je ne réussis pas encore à plier la main et mes doigts ne sont pas très agiles, malgré mon habileté aux textos ! J'ai joué aux dominos, à mettre des petits trucs dans des petits trous, tout ce que l'on peut imaginer pour favoriser ce que l'on appelle la « motricité fine ». Après l'ergo, je fais de l'APA (Activité physique adaptée) pendant une heure : vélo, ping-pong, etc. Après une pause bien méritée pour manger, j'attaque, l'après-midi, la psychomotricité, qui me détend après les efforts du matin. Je réapprends à connaître mon corps, à trouver des astuces pour remédier à l'amplitude qui me manque, à me relaxer selon les techniques habituelles. En fin de journée, j'ai droit à une douche, au dernier petit pansement qui reste, et ils ne sont pas trop de trois pour m'aider à enfiler les vêtements compressifs, étroits comme une combinaison de plongée taille enfant, ajustée par des fermetures. Mes maudits étaux ! J'avoue que j'ai du mal à m'y faire, et la nuit, je me contente parfois des manchons et des gants parce que enfiler le reste est périlleux. Même Clém, qui sait tout faire, peine à m'aider. Le docteur Page, qui me suit à Corbie, me répète d'être plus consciencieux, je sais qu'elle a raison. Mais je me sens déjà tellement à l'étroit dans mon corps… Comme si ma peau était trop petite pour moi.

En octobre, je suis parti en cure à la Roche-Posay, une semaine de jets hydromassants surpuissants pour assouplir la peau. Massages musclés pour « débrider » la peau, bains bouillonnants, j'ai vécu une semaine entre d'autres convalescents et des dames au régime, mais ce séjour m'a fait un bien fou, d'autant plus que Clémentine avait pris un hôtel tout près. Je suis rentré d'attaque pour honorer ma deuxième promesse au professeur Mimoun : un déjeuner tous les deux au restaurant, en face de l'hôpital. Il m'a fait rire, comme souvent, et il m'a jugé assez en forme pour dire à l'Assistance publique de Paris qu'on pouvait communiquer la première médicale mondiale à l'AFP. Ça a été fait le 22 novembre 2017 au soir. Le 23 au matin, les chaînes, les radios, les journaux ne parlaient que de nous. On ne s'attendait pas du tout à un tel engouement médiatique. Tout le monde voulait nous interviewer, et avec Eric, on trouvait que c'était un peu irréel. Nous n'avons pas l'habitude de tout ça. C'est par les médias que nous avons compris l'énormité de ce qui nous était arrivé, médicalement et humainement.

Aujourd'hui, je peux faire un nouveau bilan mécanique et esthétique. Ce qui marche le moins bien, ce sont les mains. On a même fait une radio pour en comprendre les raisons, et on s'est aperçu à cette occasion que j'avais des dizaines d'agrafes, comme dans les poignets, partout peut-être. Non résorbables, elles n'ont pas été enlevées, sans doute pour ne pas mettre la greffe en péril. Il m'arrive de penser les sentir, mais le problème de mobilité, lui, est lié à l'algodystrophie, une déminéralisation des os. En février, j'ai reçu une voiture aménagée qui me permet d'être indépendant, ne serait-ce que pour aller faire une course ou voir mon frère à Oresmaux, au lieu de tout demander à Clém. La boîte automatique et le joystick sur le volant étaient indispensables puisque je ne peux plus rien serrer entre mes doigts. Mon torse et mes hanches manquent aussi de mobilité, et j'aimerais avoir davantage d'amplitude avec les bras, mais ça peut venir ! Quoique, à Corbie, plus le temps passe, moins les progrès sont spectaculaires. À un moment, on atteint son seuil maximal, le temps fera peut-être le reste.

Quant à ce que je trouve moche, je pourrais en parler longtemps. Je n'aime pas ce bourrelet que j'ai près de la fesse, dont a parlé Eric, mon oreille découpée, sans parler de mon absence de mamelons et de la déformation de ma paupière. Je suis voué à repasser souvent sur la table d'opération pour diminuer les séquelles, mais en vérité, là, j'en ai marre, ce n'est pas vital, on verra plus tard. Je me plie déjà aux rendez-vous obligatoires à Saint-Louis, en plus du contrôle médical hebdomadaire à Corbie, les rendez-vous de suivi de la peau et du foie qui a « payé » le prix fort à cause des sédatifs.

Ne plus être le même est une souffrance à laquelle il faut que je m'habitue. J'étais en route pour la ceinture noire de jiu-jitsu, je faisais de la boxe thaï, et j'étais tellement accro que je ne peux plus regarder de sports de combat à la télé sans avoir la boule au ventre et éteindre. Je n'ai plus l'endurance que j'avais, et rien qu'en dansant un peu au réveillon du nouvel an, j'ai eu mal aux jambes et j'ai dû abandonner Clém sur la piste. Dès que je bois un verre ou que j'ai chaud, la peau de mon visage rougit comme si j'étais ivre, des taches ressortent, je ne sais pas pourquoi. Je ne suis pas très indulgent avec moi-même, je ne l'ai jamais été, c'est aussi ce qui m'a sauvé. Je ne vois pas les gens qui sont pires, je vois les gens qui sont mieux. L'apparence, l'esthétique étaient très importantes pour moi, et je continue à garder mon tee-shirt, même la nuit. Clémentine me répète : « Moi, je te trouve beau ! » Chaque fois, je n'en reviens pas. Les vrais héros de notre histoire, ce sont Clém et mon frère, certainement pas moi. Moi, je n'ai pas été courageux puisque je voulais mourir. Combatif, oui, tous les jours, mais je le savais déjà, avec ce qu'on avait vécus Eric et moi quand on était petits. Je n'ai rien découvert de positif sur moi avec l'accident, à aucun point de vue, mais sur les autres, oui. J'ai mesuré l'amour de mon frère, et j'ai réalisé à quel point Clém, avec qui j'étais déjà fusionnel, était une fille exceptionnelle. Souvent, elle et moi, on se souvient, ce que je ne fais presque jamais avec Eric : « Regarde où on en était il y a un an. » On revient de très loin. On n'oublie jamais.

Avec Clém, on a mis du temps à retrouver une vie normale tous les deux. Quand on ne se trouve pas regardable soi-même, voir l'autre vous regarder, comprendre qu'il vous aime comme vous êtes, ce n'est pas évident. Ma peau n'a plus du tout la même sensibilité. Pratiquement partout, à moins que l'on appuie vraiment, je ne perçois pas qu'on me touche. C'est inégal selon les endroits, mais j'ai, par exemple, une sensibilité parfaite du crâne ou de l'intérieur des mains. C'est la face extérieure qui a tout pris. La preuve de cette insensibilité, tactile mais aussi thermique, je l'ai par les pieds de Clémentine qui y a au moins gagné quelque chose : autrefois, l'hiver, quand elle les collait, glacés, contre mes jambes, je sursautais : « Arrête, comment tu peux avoir aussi froid ?! » Aujourd'hui, je ne sens plus rien, elle en profite ! Quant à notre vie intime, je perçois tout, merci. Simplement, c'est dans la tête que les choses ont eu du mal à se remettre en place. Entre la morphine dont je serai bientôt totalement désintoxiqué, et qui éteint la libido, et l'image que j'avais de moi, il s'est bien écoulé un an après mon accident avant de nous refaire des câlins comme avant. On sait que l'on pourra avoir des enfants, c'est prévu, on s'en occupe ! Devenir père, c'est pour moi capital, surtout avec Jules qui grandit sous mes yeux. Très vite après l'accident, j'y ai pensé, et chaque fois, j'ai remercié le ciel ou le destin de m'avoir laissé mon pubis et mon visage. Tous les deux avec Clém, dès que sa mère m'avait offert un réveil à Saint-Louis, nous avions établi un code. Si Clém avait déjà quitté mon chevet quand s'affichait l'heure de « 22 : 22 », nous faisions un vœu en même temps en pensant très fort l'un à l'autre. Nous ne nous étions jamais dit lequel jusqu'en janvier dernier. J'ai osé lui souffler : « Mon vœu, c'était qu'on revive ensemble, tous les deux, comme un vrai couple, comme avant. » Elle m'a confié : « Moi aussi. Je faisais le même. » Notre vœu a été exaucé.

Pour autant, je n'aime pas entendre : « Tu as eu de la chance ! » Non, je n'ai pas eu de chance de partir un jour travailler et de rentrer chez moi presque un an plus tard. Bientôt, j'espère reprendre la vie active, et ce sera dans la même entreprise, sûrement à un poste de bureau. Au même endroit. Là où j'ai brûlé. Et je rentrerai le soir, comme avant.

ERIC

Franck déteste qu'on lui dise « tu as eu de la chance » ou encore « tu t'en sors bien ». C'est sûr, comparé à la mort, le calvaire qu'il a enduré comme ses séquelles ne comptent pas. Mais personne ne voit, à moins d'avoir lu ce livre, par quelles étapes il est passé. Ce n'est pas grave, pour nous, vu de l'extérieur, mais il faut se projeter dans son corps : est-ce qu'on aimerait avoir la mémoire de la douleur ? Garder les traces visibles d'un tel traumatisme ? Être à sa place ? Nous, peut-être qu'on n'y survivrait pas. La preuve, c'est qu'il m'arrive toujours de pleurer en pensant à ce qui lui est arrivé, en regardant les centaines de photos des étapes, et maintenant, en le lisant. J'ai beau avoir tout vécu près de lui, je me dis : « On n'a pas idée, on ne peut pas avoir idée de ce qu'il a traversé. »

Depuis que Franck est rentré à Berteaucourt-lès-Thennes, on ne se voit pas davantage qu'avant, un apéro avec les copains tous les quinze jours, mais des textos et des Messenger presque tous les jours, ni plus ni moins qu'avant. Avec Fanny, nous nous sommes fixé comme priorité de laisser Clém et Franck reconstruire leur vie de couple. L'épreuve les a assez séparés comme cela. Nous ne pouvions de toute façon pas être plus proches que nous l'étions déjà., Quand je vois Franck, je ne pense ni au don qui lui a rendu la vie, ni à l'accident, ni au passé, on en a assez bavé. Je n'ai qu'un instinct, celui de regarder devant, de penser au jour où Franck pourra à nouveau courir, le pousser à progresser encore, aller plus loin, faire mieux. Et puis je le dis sans fausse humilité, ce n'est pas grâce à moi que Franck a été sauvé, c'est grâce à la médecine avant tout.

FRANCK ET ERIC

Le 25 décembre 2017, en mémoire du Noël que nous avions passé dans son service en 2016, mais sans regret, nous nous sommes permis d'envoyer un message de « Joyeux Noël » sur le portable du professeur Mimoun. Pour le remercier d'avoir accompli un « miracle médical » en prélevant la peau de l'un pour la greffer sur le corps de l'autre. On voulait le remercier d'être vivants ensemble. Trois jours plus tard, jour de nos trente-quatre ans, le professeur Mimoun nous a appelés tous les deux, laissant à Franck un message vocal où il chante « Joyeux anniversaire ». Il est meilleur chirurgien que chanteur, mais nous étions bouleversés par son attention. Et à minuit quarante le 31 décembre, nous avons reçu tous les quatre, même Clém et Fanny qu'il n'a pas oubliées, ses vœux du Nouvel An. Au-delà du génie scientifique, ce qui nous a toujours plu dans le professeur Mimoun, c'est sa part d'affection. C'est grâce à cette humanité qu'il n'a jamais renoncé, dès le début, et qu'il ne nous a jamais abandonnés ensuite, quand lui n'avait plus rien à accomplir mais que sa bienveillance nous faisait encore tant de bien. À lui, et à toute son équipe médicale et soignante si affectueuse du CTB, on ne dira jamais assez merci : on vous doit la vie !

Postface
Professeur Maurice Mimoun

24 décembre, 22 h 54 : « Passez un bon réveillon et un joyeux Noël, gros bisous ☺☺. Franck »

Recevoir un tel texto d'un homme qui devrait être mort, penser qu'une famille qui devrait être en deuil fête Noël – j'entends les rires –, c'est un bonheur intime. Tous les médecins le savent bien. Et quand en plus, la méthode employée pour sauver la vie de cet homme n'était pas dans les protocoles, l'intime confine à l'infini. C'est l'Everest gravi pour la première fois.

Étrange de lire une aventure qu'on a vécue ! Mais peut-on parler d'aventure ? Il ne s'agit pas d'une performance, d'une prouesse ou d'un film réalisé pour le plaisir. C'est simplement une aventure parce que nous n'en connaissons pas la fin. Nous n'avons pas choisi. C'est la vie qui nous y a obligés. LIFE ! Bouleversant tatouage ayant résisté à la brûlure ! Comment ne pas croire au signe ?

Chaque patient grave est un défi. Pourtant, il y a des

gageures dont on se rappelle plus que d'autres. Non pas que chacun n'a pas sa pleine importance. Tous évidemment sont uniques avec un passé, un vécu, un combat et pour nous, une ambition absolue, gagner. Ces victoires chez les brûlés demeurent relatives, car elles laissent des marques et nous travaillons à les atténuer. Je dis souvent : « La peau retrace notre histoire. » Les cicatrices sont des mots qu'il faut déchiffrer, une langue qu'il faut apprivoiser. C'est indéniable, cette histoire restera gravée dans ma mémoire pour sa singularité médicale bien sûr, mais surtout parce qu'elle est incroyablement humaine.

J'ai lu ce texte, oui, j'ai lu ce que je savais en théorie déjà. Mais non, avec les mêmes événements, les mêmes dates, les mêmes personnes, le même dénouement, mon récit n'aurait pas été le même. L'anamorphose des souvenirs aurait dicté l'écart. J'ai eu les larmes aux yeux, j'ai ri. Ils m'ont énormément appris, sur eux, sur les soins, notamment sur la prise en charge de la douleur, notre souci constant. Chaque patient devrait écrire un livre à sa sortie de l'hôpital. Ce serait édifiant, riche en enseignements. Il y a des tas de choses que je ne savais pas. Merci.

Cette histoire est évidemment collective, mais elle est aussi personnelle tant la cause des brûlés m'est chère et ancienne. Je ne veux pas parler d'aboutissement, car cette expérience permettra sans doute d'intéressantes avancées. Mais je la perçois comme une étape de plus franchie sur un long parcours. Avec le CTB, nous disposons depuis quelques années d'un centre de traitement ultramoderne grâce à l'Assistance publique - Hôpitaux de Paris. Avant cela, combien de réunions, combien de temps passé à persuader les instances de son caractère indispensable, à convaincre de la nécessité du concept du « presque tout » dans la chambre ? À tous, je peux le déclarer aujourd'hui : « Voilà ce que nous arrivons à accomplir ensemble. » C'est cela, ma récompense. À travers l'exemple de cette vie sauvée, toutes celles qu'il nous a déjà été permis de sauver et que, j'espère, nous sauverons à l'avenir.

L'histoire de ce triomphe de la vie commence avant, avec mon maître, le professeur Baux, mes parents, et notamment avec mon père. Ce n'était pas un homme de livres. Cheminot de métier à l'origine, il est devenu inventeur, prix de Concours Lépine à plusieurs reprises, au point d'y gagner sa vie. Le soir, je l'ai toujours vu occupé à inventer des tas d'objets et de systèmes hétéroclites face à des plans et des diagrammes. Le schéma de pensée à la maison était : « Quand on a un problème, on réfléchit "dans sa tête" à la façon de le résoudre au lieu de chercher dans les livres une recette. » Il croyait aux solutions conçues en soi davantage qu'aux solutions toutes faites ailleurs, quand notre méthode d'éducation nous construit à l'inverse. Il m'a donné la liberté d'imaginer. Or le principe même du progrès scientifique, c'est la tentative, le refus du renoncement, c'est-à-dire l'audace, qui implique fondamentalement la confiance. C'est ce qu'il m'a transmis que j'ai mis en œuvre pour Franck.

Quand j'ai appris que Franck avait un frère vrai jumeau, quand j'ai rencontré Eric, j'ai été porté par une double force : la chance médicale, bien sûr, mais aussi la chance de voir sous mes yeux l'homme vivant qu'était Franck avant l'accident. Son visage, très abîmé, bandé dans la foulée de son arrivée, était monstrueux. Là, je regardais Eric, si jeune, si volontaire, et j'y puisais des encouragements pour lui rendre son double. Cette nouvelle a été perçue comme une révolution. Il y avait une solution. J'ai partagé mon enthousiasme avec l'équipe, l'ambiance générale du CTB a changé, est passée du gris terne et sans espoir, au jaune lumineux. Le soleil était revenu dans le service. Mais les nuages ont vite menacé : la possibilité que les instances administratives ne délivrent pas les autorisations officielles, car il existe un flou pour les donneurs vivants en urgence. Et en plus, c'était une première pour un brûlé de cette importance ! Il fallait déclencher toute une procédure… Le souvenir des jours de suspense avant l'obtention de l'accord a marqué Eric, mais l'équipe et moi tout autant ! « Et s'ils disaient non ? » Un cauchemar… Ils ont dit oui, et nous l'avons fait.

Mais quand le délai habituel du rejet de la peau, aux alentours de trois semaines après la première greffe avec la peau d'Eric, a expiré, je n'ai pu m'empêcher d'être rattrapé par une part d'irrationnel : « Et s'il y avait rejet ? » C'était impossible biologiquement, mais j'ai eu besoin de vérifier sous les bandages. Tout allait bien, elle était prise. Franck allait vivre.

Franck est vivant grâce à la mise en marche d'une machine dont la probabilité de chances d'enchaînement parfait des rouages était infinitésimale. Elle a été enclenchée par Ahmed, le collègue qui a eu l'incroyable sang-froid de l'éteindre, par les SAMU qui ont accompli les bons gestes, par l'Agence de la biomédecine et les différentes instances administratives décisionnaires, qui ont accepté… Alors c'est vrai, j'ai gravi l'Everest, mais dans cette ascension périlleuse, nous étions nombreux, et surtout, le premier de cordée, c'était Franck. C'était lui qui risquait de mourir. D'autres objecteront que le premier de cordée, c'était Eric, son frère donneur de peau. Ce sont effectivement ces deux-là qui nous ont amenés au sommet, qui nous y ont même entraînés, là où avant eux nous n'étions jamais allés. Dans ces ascensions, les soignants paramédicaux ont un travail ingrat et dur. Sans eux, rien n'aurait été envisageable. Et j'ai été heureux de voir que les jumeaux les ont mis à l'honneur.

Un dernier point : ils sont si beaux. Ils sont si bienveillants, eux et leur famille, leurs copains, leurs compagnes, Clémentine et Fanny. Ils ne disent jamais de mal des gens. Jamais. Quand ils profèrent une critique, ils tempèrent invariablement par un mot doux derrière pour expliquer, excuser. C'est rare, et ils ne s'en rendent même pas compte. On se demande s'ils ont inoculé cette délicatesse à tous ceux qui les entourent ou si les bontés s'agrègent. C'est un bel espoir. En tout cas, la joie de vivre de cette bande de trentenaires s'est propagée aux soignants souvent du même âge qui se sont sans doute identifiés à eux, un attachement affectif a doublé l'attachement thérapeutique. Ils ont fait l'unanimité.

Quand je lance à Catherine Siguret, leur écrivain : « Vous avez commencé fort », indiquant la première phrase du livre. Elle me répond : « Ce n'est pas moi. Ce sont eux qui l'ont dit. » C'est exactement ça : ce sont eux qui l'ont dit. Ce sont eux qui disent tout. On trouve des leçons de philosophie et d'humilité à chacune de leurs pages, avec des sourires, des rires et des pleurs. Je suis triste qu'il ait fallu cet accident pour qu'ils les donnent. On ne peut que les aimer. Je les aime.

Remerciements

Franck : En dehors de Clém et mon frère, je remercie spécialement ma famille, Fanny (et Jules !), mes parents, mes beaux-parents Florence et Pascal alias le Papou, Mamie Nicole, Hugo, Lucie, les membres de ma famille qui, même dispersés aux quatre coins de la France, ont toujours été présents, et ma marraine Tatie Régine. Parmi les amis, ma grande reconnaissance à Nounours (Jonathan), une présence précieuse et quotidienne, François et Hélène (et Romane !), Emelyne, Ludivine, Matt et Max, Maxence, Mathieu, et tous ceux que j'ai évoqués dans ce livre et qui sont venus à mon chevet. Et un merci particulier à mes chers collègues d'Additek.

Eric : Tout d'abord merci, et le mot est faible, à ma petite famille, Fanny et Jules, l'importance d'être entouré des siens prend tout son sens dans une épreuve comme celle-ci, je vous aime ! Je remercie Clémentine, dont le courage force le respect et l'admiration, et dont j'ai découvert la puissance de l'amour pour Franck, toute ma famille, mes parents, mon cousin, mon oncle et ma tante, pour leur présence et soutien, et ce malgré la distance, mes beaux-parents Lulu et Dany, présents au quotidien, mes copains à la compagnie si précieuse, à commencer par Nounours (Jonathan) forcément, mon binôme de choc à la disponibilité et à la bienveillance fondamentales, François et Hélène présents dès le début, et ce malgré l'arrivée de la petite puce Romane, une amitié à toute épreuve, Mat, Max, Maxence, Émelyne, Hugo, Ludivine, les jumelles Manu et Aurore. Je remercie aussi notre marraine Tatie Régine, un ange gardien qui veille sur nous depuis l'enfance, mon beau-frère et ami Seb pour sa positive attitude, et enfin, mes collègues de travail pour leur attention.

Évidemment encore un GRAND merci, à tous ces « hommes et femmes de l'ombre » du CTB, à savoir les aides-soignants et infirmiers : vous faites l'un des métiers les plus honorables au monde !

Merci au SAMU, au professeur Olivier Bastien et à l'Agence de la biomédecine, au professeur Benoît Vallet, et à la Direction générale de la Santé ; merci aussi au docteur Mohamed Jarraya, responsable de l'unité fonctionnelle « Banque des tissus humains de l'hôpital Saint-Louis », à l'Assistance publique de Paris.

À toutes les personnes qui sont venues nous voir à Saint-Louis, et à ceux qui nous ont soutenus de près ou de loin durant cette dure période.

Enfin à Nicole et Guillaume, nos éditeurs, pour leur confiance ainsi qu'à Catherine pour sa patience et son travail. MERCI.

Table des matières

www.allary-editions.fr

Ouvrage composé en Garamond
par Dominique Guillaumin, Paris

Achevé d'imprimer en mars 2018
dans les ateliers de Normandie Roto Impression s.a.s.
61250 Lonrai
N° d'impression : 1800533
Dépôt légal : avril 2018
A73176/61

Imprimé en France